Karolina Krause Tel. 26850

Obedience für Einsteiger

Obedience für Einsteiger

von Birgit Laser

CADMOS
HUNDEBÜCHER

Danksagung

Viele Menschen und viele Hunde haben dazu beigetragen, daß dieses Buch zustande gekommen ist. Es ist nicht möglich, sie alle namentlich zu nennen. Von meinen Kursteilnehmern (zwei- wie vierbeinigen) lerne ich auf jedem Kurs wieder etwas dazu, hierfür gebührt ihnen allen mein Dank.

Besonders danken möchte ich Rolf C. Franck, ohne den ich Obedience vielleicht nie kennengelernt hätte, Angela White, die mich ermuntert hat, eigene Kurse zu geben und von der ich viel gelernt habe, meiner Lektorin Jutta Aurahs, die mir den entscheidenden Anstoß gegeben hat, mit dem Schreiben dieses Buches anzufangen, meinem Mann Torsten für die positive Verstärkung während der Durststrecke bis zur Fertigstellung und meiner Dusty vom Zippelbarg, die mir in vielerlei Hinsicht die Augen geöffnet hat.

Last but not least herzlichen Dank all meinen zwei- und vierbeinigen Fotomodellen!

Gestaltung: Ravenstein Brain Pool, Völkersen
Fotos: Birgit Laser
Druck: Grindeldruck, Hamburg

Printed in Germany

ISBN 3-86127-705-0

Vorwort

LIEBE LESERIN, LIEBER LESER,
in dem vor Ihnen liegenden Buch möchte ich Ihnen die Hundesportart Obedience ein wenig näherbringen.

Obwohl Obedience eigentlich nichts weiter als Gehorsam heißt, kann an diesem Sport auch der Zweifler erkennen, daß sich ernsthafter Hundesport sehr wohl mit Hundeausbildung ohne Zwang vereinbaren läßt.

Wer schon einmal einen gut ausgebildeten Obediencehund gesehen hat, weiß, was ich meine ... Hundeausbildung ohne Zwang bedeutet, daß der Hund keine Übung gegen seinen Willen tut, sondern daß er alles, was von ihm verlangt wird, auch selbst tun **will**. Zwang ausüben kann jeder. Werkzeuge dazu gibt es in Hülle und Fülle zu kaufen.

Jedoch den Teamgeist im Hund zu wecken, ihn dazu zu bewegen, mitmachen zu **wollen**, ist die wahre Kunst der Hundeausbildung und glücklicherweise nirgends käuflich zu erwerben!

Zum neuen Weg gehört eine neue Sprache. Deshalb werden Ihnen in diesem Buch einige Ausdrücke begegnen, die etwas ungewohnt klingen. Ein typisches Beispiel dafür ist „Signalwort“. Ich habe sehr bewußt gerade diese Bezeichnung gewählt. Das Wort „Kommando“ spiegelt nach meiner Ansicht eine Einstellung zur Hundeausbildung wider, die ich nicht teile.

Kommandieren klingt eher danach, jemandem einen Befehl zu erteilen, den er zu befolgen hat (ob er will oder nicht). Wenn ich statt dessen ein Signal gebe, erhält mein Gegenüber die Möglichkeit, freiwillig eine Handlung auszuführen.

Zwar finden Sie in diesem Buch für jede Obedience-Lektion einen Ausbildungsweg beschrieben, er kann aber immer nur ein Vorschlag sein, wie man es machen **kann**. Dieses Buch ist keine Gebrauchsanweisung! Besonders, wenn Sie zu der stetig wachsenden Zahl der „Clicker-Begeisterten“ gehören, werden Sie an viele Lektionen vielleicht anders herangehen als hier beschrieben. Ich habe versucht, dies Buch so zu gestalten, daß möglichst viele Hundefreunde einen Nutzen daraus ziehen können.

Was ist Obedience?

Obedience (sprich: „O-bi-di-enß“) ist eine Hundesportart. Das Wort kommt aus dem Englischen und heißt nichts weiter als „Gehorsam“. Und tatsächlich besteht diese Sportart überwiegend aus bekannten Gehorsamsübungen, wie Bei-Fuß-Gehen, Apportieren, Vorausschicken, Abrufen, Bleib-Übungen und Sitz, Platz und Steh aus der Bewegung.

Es gehören aber auch Übungen dazu, die in den in Deutschland anerkannten Prüfungen noch nicht vorkommen, zum Beispiel Distanzkontrolle, bei der der Hund in großem Abstand zu seinem Besitzer eine Reihe von Positionswechseln (Platz, Sitz, Steh) ausführen muß, ohne sich dabei von der Stelle zu bewegen, oder Geruchsunterscheidung, bei der es darum geht, daß unter mehreren gleich aussehenden Gegenständen vom Hund derjenige herausgesucht und apportiert werden soll, der den Geruch seines Besitzers trägt.

Was ist anders am Obedience?

Außer den schon erwähnten „neuen“ Übungen fällt dem Betrachter vor allem ein Aspekt ins Auge: Beim Obedience wird nicht stur nach „Schema F“ ein auswendig gelernter Ablauf bestimmter Schrittfolgen und Richtungswechsel abgespult. Der Richter bestimmt den Ablauf jedesmal

Während der Übungen „Leinenführigkeit“ und „Freifolge“ ist der Richter oder Ringsteward dem Hundeführer immer auf den Fersen.

wieder neu. Das bedeutet, daß der Hundeführer alles nur auf Anweisung des Richters tut – jede Wendung, jeder Tempowechsel, jedes Anhalten oder Losgehen werden angesagt.

Der Vorteil liegt auf der Hand: Viele Hundesportler kennen sicher das Phänomen, daß prüfungserfahrene Hunde in manchen Übungen nicht mehr so sehr auf die Anweisungen ihres Hundeführers achten, sondern diesen oft vorgreifen, da sie ohnehin schon wissen, was als nächstes verlangt wird. Das ist zwar aus Sicht der Richter fehlerhaft, aber eigentlich nur all-

Handzeichen sind im Obedience erlaubt.

zu verständlich. Auf der anderen Seite werden so ausgebildete Hunde manchmal schon verwirrt, wenn sich der gewohnte Ablauf einmal ändert und zögern dann.

Beim Obedience dagegen gestalten sich die Prüfungen für Mensch und Hund viel abwechslungsreicher, und der Hund muß sich zwangsläufig auf seinen Menschen konzentrieren, um zu erfahren, was er als nächstes tun soll.

Als Beispiel hierfür der Ablauf des Apportierens: Der Hund befindet sich in der Grundstellung. Der Richter gibt dem Hundeführer die Anweisung, den Apportiergegenstand zu werfen.

Dann – auf Anweisung des Richters – wird der Hund hinterhergeschickt, um den Gegenstand zu apportieren. Beim Hundeführer angekommen, sitzt der Hund mit dem Gegenstand vor. Der Hundeführer muß auf weitere Anweisung des Richters warten, bis er den Gegenstand nehmen darf. Der Hund sitzt immer noch vor. Dann, wiederum auf Anweisung des Richters, wird der Hund in die Grundstellung genommen. Hier wird deutlich:

Hundeführer, die mit ihren Hunden alle Übungen immer nach demselben, wiederkehrenden Muster ausgeführt haben, müssen gewaltig umdenken.

Ein weiterer großer Unterschied zwischen Obedience und beispielsweise der Begleithundeprüfung ist die Vielzahl von unterschiedlichen Klassen, in denen man antreten kann. Von der reinen Anfängerklasse bis hin zur Meisterschaft gibt es zahlreiche Schwierigkeitsstufen, so daß weder Neulinge durch allzu starke Konkurrenz gleich entmutigt werden, noch Könner auf ihrem Gebiet durch zu niedrige Anforderungen in der Prüfung die Lust verlieren. Wer möchte, kann sich sogar die Teilnahme an der Obedience-Weltmeisterschaft (FCI) zum Ziel setzen.

Für wen ist Obedience geeignet?

Beim Obedience geht es in erster Linie um Präzision. Perfektes Bei-Fuß-Gehen, akkurates Apportieren oder gerades Vorsitzen erfordern vor allen Dingen eine Menge Übung. Auf Sportlichkeit kommt es nicht so sehr an – eine gute Möglichkeit also, auch mit Hunden, die durch ihre Rasse, Körpergröße oder Gesundheit für andere Sportarten nicht in Frage kommen, erfolgreich an Prüfungen teilzunehmen.

Obedience kann man also wirklich bedenkenlos jedem empfehlen, der daran interessiert ist, mit seinem Hund zusammen eine vielseitige, interessante Sportart zu erlernen.

Eine Menge Beschäftigungsmöglichkeiten – auch im Alltag – eröffnen sich dadurch, und auch ehrgeizige Hundesportler, die sich gern im Wettkampf mit anderen Teams messen, finden hier Aufgaben für viele Jahre.

Die Geschichte dieses Sports

Wie Agility hat Obedience seinen Ursprung in Großbritannien, wo es bereits vor 1925 entstand. In der ersten Zeit waren die Obedience-Prüfungen aller-

Ob alt, ob jung, kleiner oder großer Hund – Obedience ist ein Sport für jedermann.

dings nur ein Bestandteil der „Working Trials", einer Art Vielseitigkeitsprüfung für Hunde. Diese Working Trials, die sich auch heute noch großer Beliebtheit erfreuen, wurden im Jahr 1919 vom britischen Zuchtverein für Deutsche Schäferhunde eingeführt.

Einige Jahre später gab es auf solchen Working Trials bereits die Möglichkeit, in einer reinen Obedienceklasse anzutreten. Als Sport „entdeckt" wurde Obedience erst nach dem Zweiten Weltkrieg. 1951 wurde auf der wohl berühmtesten aller Hundeausstellungen, der britischen „Crufts", erstmals Obedience von einigen Hundeführern vorgestellt.

Im selben Jahr wurde vom Kennel Club auch ein Reglement eingeführt, das bereits die Möglichkeit eröffnete, einen Meistertitel – „Obedience Champion" – zu erlangen (dieser Titel gehört natürlich dem Hund, nicht dem Hundeführer, und wird auch in die Papiere eingetragen und dem Namen des Hundes vorangestellt).

Im Jahre 1955 wurden – wieder im Rahmen der Crufts – die ersten Meisterschaften ausgetragen, die „Crufts Obedience Championships". Seitdem sind sie zur festen Tradition geworden, und viele britische Hundeführer träumen davon, sich einmal im Leben für diese Meisterschaft zu qualifizieren.

Übrigens werden sie zwar getrennt nach Rüden und Hündinnen ausgetragen, Rasseschranken aber gibt es keine – auch Mischlingshunden stehen diese Meisterschaften prinzipiell offen.

In weiten Teilen Westeuropas gehört Obedience fest zum Hundesportalltag, in seinem Ursprungsland England und den USA erfreut es sich ausgesprochener Beliebtheit.

In Deutschland sind wir noch nicht ganz so weit. Es gibt bei uns noch keine offizielle Prüfungsordnung (Stand Frühjahr 1999), was sich hoffentlich in Kürze ändern wird, denn immer mehr Hundefreunde, und damit auch Vereine, werden auf diesen interessanten Sport aufmerksam.

Zwar ist durch die F.C.I. eine oberste Klasse schon verbindlich für alle Teilnehmer festgelegt (die Obedience-Weltmeisterschaften der F.C.I. werden nach diesen Regeln ausgetragen), doch bis es ein nationales Regelwerk und ausgebildete Leistungsrichter bei uns gibt, haben interessierte Hundesportler nur zwei Möglichkeiten: entweder fahren sie ins Ausland und nehmen dort an einer Prüfung teil, oder sie laden einen ausländischen Richter ein und führen eine Prüfung nach dem entsprechenden ausländischen Reglement in Deutschland durch.

Die Ausbildung

Welche Voraussetzungen muss der Mensch mitbringen?

„Geduld ist eine Tugend"

Gleich vorweg: Für Ungeduldige ist Obedience sicher nicht gut geeignet – der Zeitaufwand, um gute Ergebnisse zu erzielen, ist relativ hoch (am ehesten vergleichbar vielleicht mit dem Dressurreiten im Pferdesport). Ungeduld führt leicht zu unbeherrschten Reaktionen, und meist ist dann das Gegenüber der Leidtragende – in diesem Falle also der Hund.

Andersherum betrachtet kann aber Hundehaltung und/oder Hundesport auch eine gute „Charakterschule" für Menschen sein, die gern ihre eigene Ungeduld in den Griff bekommen wollen.

Wenn man eine faire Einstellung dem Hund gegenüber hat und ihn nicht unter den eigenen Launen leiden lassen möchte, wird man zwangsläufig seine eigenen Reaktionen kritisch betrachten und manchmal ändern.

Wie steht es mit dem Ehrgeiz?

Ehrgeiz ist – innerhalb bestimmter Grenzen – sicher nicht als etwas Negatives anzusehen. Ein gesunder Ehrgeiz spornt an, man hat ein Ziel vor Augen, auf das man hinarbeiten möchte; einen Weg, den man gehen kann und möchte; auch dieser Weg selbst macht Spaß.

Übertriebener Ehrgeiz hingegen verleitet schnell dazu, allzu große Schritte bei der Ausbildung machen zu wollen. Das Ziel allein zählt, der Weg dorthin wird eher als lästig empfunden, und man sucht nach Abkürzungen, um schneller ans Ziel zu gelangen. Dies kann nur zu Lasten des Hundes gehen. Er bekommt nicht mehr genügend Zeit, um die einzelnen Ausbildungsschritte gründlich zu lernen, Fehler schleichen sich ein. Oft wird dann mit Zwang nachgeholfen, wenn der Hund nicht so schnell lernt, wie man es gern möchte, oder wenn er Fehler macht. In diesem Falle sollte man sich die Frage stellen, ob man nicht lieber allein Sport treiben möchte ...

Fitness ist Nebensache

Anders als beim Turnierhundesport oder im Agility ist beim Obedience die körperliche Fitness von untergeordneter Bedeutung. Wer nicht so schnell laufen kann, hat hier durchaus eine Chance auf die vorderen Plätze, und auch Rollstuhlfahrer können mit ihren Hunden Obedience betreiben!

Welche Voraussetzungen muss der Hund mitbringen?

Im Obedience liegt der Schwerpunkt auf dem perfekten Zusammenspiel zwischen Mensch und Hund. Dabei spielt es keine Rolle, ob der Hund groß oder klein ist, lange oder kurze Beine hat. Die größte sportliche Leistung, die in einigen Prüfungen verlangt wird, ist das Apportieren über eine Hürde, die in der Regel der Schulterhöhe des Hundes angepaßt ist.

Sicher macht es vieles einfacher, wenn ein Hund vom Naturell her „kooperativ veranlagt" ist, wie es etwa bei vielen Hütehunden der Fall ist. Allerdings sind solche Hunde im täglichen Zusammenleben auch recht anspruchsvoll: Als „Work-a-holics" ist Beschäftigung, Team-Arbeit mit ihrem Menschen für sie quasi ein Lebenselexier – fehlt dieses, sind oftmals schwerwiegende Verhaltensstörungen die Folge. Deshalb gilt für die Auswahl des „Obedience-Hundes" eigentlich dasselbe wie für die Auswahl eines Familienhundes:

Wählen Sie den Hund aus, der Ihnen vom Typ her zusagt. Berücksichtigen Sie dabei nicht nur das Aussehen, sondern vor allem auch solche Kriterien wie Temperament, Krankheitsanfälligkeit und Wesen. Literatur hierüber gibt es reichlich.

Den Obedience-Hund gibt es ohnehin nicht, und auch wenn man z. B. in Großbritannien in den oberen Klassen kaum noch andere Rassen als Border Collie und Deutscher Schäferhund sieht, wäre es meiner Meinung nach sehr schade, diesen Trend auch in den deutschsprachigen Raum zu übernehmen.

Verstehen Sie mich bitte nicht falsch – Border Collie und Deutscher Schäferhund sind wunderbare Rassen – aber wenn man in den höheren Klassen nur noch diese Rassen sieht, läßt dies doch den Gedanken zu, daß diese Hunde vielleicht gar nicht so sehr um ihrer selbst willen angeschafft werden, sondern eher als eine Art „Sportgerät" – „Siegesgarantie im Preis enthalten"? Auch wenn einem auf Hundesportveranstaltungen manchmal Hunde einer Rasse besonders ins Auge fallen und vielleicht der Wunsch entsteht, selbst einen solchen Hund zu besitzen, sollte man nicht vergessen: Man sieht auf einer solchen Veranstaltung immer nur das Ergebnis einer oft jahrelangen Ausbildung; kein

Das Leben besteht nicht nur aus Hundesport ...

noch so talentierter Hund wird ohne eine entsprechende Ausbildung gute Leistungen vollbringen.

Zur Ausbildung eines Hundes gehören aber immer zwei – Hund und Mensch! Denken Sie also gut darüber nach, wie Sie sich Ihre Freizeit in den nächsten 10 bis 15 Jahren vorstellen. Wenn es ein „Arbeitshund" sein soll: sind Sie wirklich bereit (und kreativ genug), quasi jede freie Minute mit Ihrem Hund zu verbringen und ihm ständig neue, abwechslungsreiche Aufgaben zu stellen? Oder möchten Sie vielleicht lieber einen Hund, der sich gut in die Familie einfügt, gern alle Unternehmungen mitmacht, aber keine solch extremen Anforderungen an seine Besitzer stellt und auch mit weniger Beschäftigung zufrieden ist?

Berücksichtigen Sie auch Ihr eigenes Naturell: sind Sie eher ein lauter Typ oder bevorzugen Sie die leisen Töne? Sind Sie eher ein Draufgängertyp oder eher sensibel? Lieben Sie es, wenn alles seinen gewohnten Gang geht oder macht es Ihnen besonderen Spaß, ständig vor neue Herausforderungen gestellt zu werden? Es gibt sehr viele Punkte zu bedenken. Alles an dieser Stelle anzuführen, würde den Rahmen des Buches sprengen.

Informieren Sie sich bei Züchtern und anderen Hundebesitzern. Fragen Sie viele Leute, die einen Hund der von Ihnen in die engere Wahl genommenen Rasse besitzen. In den Augen eines Züchters ist die eigene Rasse meist die beste: Vorsicht vor einseitiger Beratung! Wenn ein Züchter Ihnen nur von den Vorteilen der Rasse berichtet und auch auf Nachfrage keine Einschränkungen macht, sollten Sie wachsam sein. Was für den Züchter ideal erscheint, mag für Sie weniger passen.

Es gibt Hunde, mit denen auch die meisten Anfänger gut zurechtkommen. Diese haben ein ausgeglichenes Wesen und wenig angezüchteten Aggressionstrieb. Achten Sie darauf, was die ursprüngliche Bestimmung „Ihrer" Rasse war: diese Eigenschaften werden entsprechend ausgeprägt sein.

Aufgenommen auf einem Obediencekurs: Entspanntes Ruhen, während ringsherum andere in Aktion sind. Keinesfalls eine Selbstverständlichkeit – auch das muß gelernt werden!

Wind- und viele Jagdhunde werden meist dazu neigen, Wild zu verfolgen, wenn sie die Gelegenheit bekommen. Eine sehr sorgfältige Ausbildung ist vonnöten, um solche Hunde unter Kontrolle zu halten – nichts für Anfänger! Hunde, deren Aufgabe es war, die Rattenplage auf den Bauernhöfen im Zaum zu halten, bringen meist eine entsprechende Schärfe mit und sind recht „hart im Nehmen". Auch mit ihnen sind Hundeanfänger leicht überfordert.

Überlegen Sie auch, welches Temperament Sie selbst haben. Sportliche, lebhafte Menschen erwarten meist auch von ihren Hunden, daß sie einen entsprechenden Bewegungsdrang haben. Gehören Sie eher zu den gemütlichen Vertretern, wählen Sie kein Energiebündel von Hund.

Bei Rassehunden kennt man schon in etwa die Veranlagung und die zu erwartende Körpergröße des Hundes.

Schwieriger ist es, wenn Sie keinen Rassehund, sondern einen Mischling wählen. Wissen Sie über die Vorfahren Bescheid, gilt das oben Gesagte. Sind aber die Vorfahren unbekannt, ist es manchmal Glückssache, den passenden Hund zu finden.

Daß alle Mischlinge gesünder, robuster oder klüger sind als Rassehunde, ist ein Vorurteil. Mischlinge sind selten das Ergebnis einer gezielten Zuchtauslese.

Daß aber bestimmte Krankheiten bei ihnen nicht so häufig dokumentiert sind wie bei Rassehunden, bedeutet nicht, daß sie nicht vorkommen!

Menschen wie Hunde sind verschieden, und es paßt nun einmal nicht ein und derselbe Typ Hund zu jedem Menschen! Sollten Sie gerade vor der Wahl stehen: bitte überlegen Sie es sich sehr genau, welcher Hund zu Ihrem Leben paßt. Dieses besteht nämlich nicht nur aus Hundesport, sondern überwiegend aus ganz normalem Alltag, und da hinein muß Ihr Hund vor allen Dingen passen! Kaufen Sie keinen Hund für den Sport, sondern machen Sie Sport mit Ihrem und für Ihren Hund!

Hier ein paar Punkte, die Sie bei der Auswahl eines Hundes berücksichtigen sollten:

- *Körpergröße und Kraft (können Sie im Ernstfall den Hund kräftemäßig unter Kontrolle behalten? Fällt Ihnen tiefes Herunterbücken schwer?)*
- *Temperament und Bewegungsdrang*
- *Naturell (eher sanft oder eher Draufgänger?)*
- *Pflegeaufwand (Haben Sie über Jahre hin Lust zu regelmäßiger intensiver Fellpflege? Sind Sie ggf. bereit, alle 4 Wochen die Kosten für einen Hundefrisör aufzubringen?)*
- *Erbkrankheiten (es gibt z.B. Rassen, bei denen 15 % aller Welpen taub geboren werden)*
- *„Ruf" der Rasse (Haben Sie ein dickes Fell, um z. B. regelmäßigen Anfeindungen anderer Hundebesitzer standzuhalten? Finden Sie trotzdem genügend Artgenossen, mit denen Ihr Hund spielen kann?)*

Die „Rollenverteilung" im Team Mensch-Hund

Damit ist nicht etwa die Pflichtenverteilung in der Familie gemeint, sondern die Rolle, die Ihr Hund im menschlichen Rudel innehat. Egal, wie Sie Ihr Zusammenleben gestalten, eines gilt immer: Sie sind der Boß, nicht der Hund!

Hier gibt es häufig Mißverständnisse. „Der Boß" zu sein – aus Hundesicht also der Rudelführer – bedeutet keinesfalls, diese Stellung durch Ausübung von Gewalt einzunehmen und bei jeder Gelegenheit aggressiv zu verteidigen.

Ein Rudelführer ist eine Persönlichkeit, auf die Verlaß sein muß; jemand, der den Alltag erfolgreich und selbstsicher meistert. Es gibt in der Welt der Hunde ein paar Regeln, die das Zusammenleben des Rudels bestimmen. Der Rudelführer hat einige Privilegien, die von den rangniederen Rudelmitgliedern akzeptiert werden.

Diese Vorstellung mag uns Menschen widerstreben. Hunde empfinden aber anders. Ihnen gibt es eine gewisse Sicherheit, ihre Stellung im Rudel zu kennen. Diese Sicherheit können Sie Ihrem Hund nur geben, wenn Sie die Spielregeln kennen und auf deren Einhaltung achten.

Geben Sie zu oft Ihren menschlichen Gefühlen nach und möchten Ihrem Hund auch einmal „etwas Gutes tun", indem Sie ihm Dinge erlauben, die sonst tabu sind, tun Sie Ihrem Hund keinen Gefallen damit. Im Gegenteil, er wird dadurch anfangen, Ihre Position anzuzweifeln.

Sie benehmen sich eben nicht so, wie es einem Rudelführer ansteht. Er wird vielleicht sogar versuchen, Ihnen den Rang streitig zu machen.

Eher unterwürfig veranlagte Hunde werden dagegen leicht verunsichert, wenn Sie Ihre Pflichten als Rudelführer vernachlässigen.

Was hat aber nun dieses Rollenspiel mit Obedience-Ausbildung zu tun? Ganz einfach, Hunde denken nicht in Schubladen – für sie gibt es nicht den Unterschied zwischen „jetzt entspannen wir uns", „jetzt wollen wir für körperliche Bewegung sorgen" oder „jetzt wird etwas gelernt".

Hunde lernen **immer**, egal, ob wir uns dessen bewußt sind oder nicht. Daher müssen wir dafür sorgen, daß unser Hund ein beständiges Bild von uns bekommt. Wenn wir unserem Hund zu Hause erlauben, zu tun und zu lassen, was er will, dann aber auf dem Übungsplatz unter den gestrengen Augen eines Übungsleiters plötzlich „ganz andere Saiten aufziehen", versteht unser Hund die Welt nicht mehr. Wieso sind wir jetzt auf einmal so anders?

Deshalb ist es so wichtig, daß wir für unseren Hund immer dieselbe Person bleiben, auf die er sich in jeder Situation verlassen kann!

Wenn wir dies beachten, unterstützen sich die Dinge gegenseitig: Akzeptiert der Hund uns als Rudelführer, wird er auch in der Ausbildung bereitwillig mitmachen; gleichzeitig wird er uns auch leichter als Rudelführer akzeptieren, wenn wir ihm verschiedene Dinge in der Ausbildung abverlangen.

Positive Verstärkung - Ausbildung ohne Zwang

Durch verschiedene Publikationen ist hierzulande das Gerücht entstanden, bei Obedience handle es sich um eine positive Ausbildungsmethode. Das stimmt nicht. Selbstverständlich kann man auch im Obedience, wie in allen anderen Bereichen des Zusammenlebens mit dem Hund, auf überholte Hau-Ruck-Methoden zurückgreifen, wenn man dies tun möchte.

Zum Zeitpunkt, an dem ich dieses Buch schreibe, ist man aber schon etwas weiter gekommen in der Erforschung des Lernverhaltens. Einen Meilenstein in dieser Hinsicht hat B. F. Skinner mit seiner Forschungsarbeit gesetzt, und viele bekannte Persönlichkeiten in der Welt der Tierausbilder sind von seinen Erkenntnissen beeinflußt. Karen Pryor, sozusagen die Begründerin des „Clickertrainings", entwickelte diese Methode anhand theoretischer Grundlagen Skinners.

Wenn man über positive Ausbildungsmethoden berichtet, findet eigentlich die Mehrheit der Hundehalter Gefallen daran. Die meisten kommen in der Praxis aber irgendwann einmal an einen Punkt, an dem sie sich ohne Zwang nicht mehr zu helfen wissen.

Um an dieser Stelle keine Mißverständnisse heraufzubeschwören, möchte ich kurz die Definition von „Zwang" aus einem allgemeinen Lexikon wiedergeben. Dort heißt es: „Zwang = Veranlassung eines Verhaltens, das nicht dem freien Willen entspricht, durch Gewaltanwendung, Drohung oder psychische Nötigung".

Wohlfühlen ausdrücklich erlaubt! In einer streßfreien Umgebung lernt es sich viel leichter.

Strenggenommen entspricht es also der Definition von Zwang, wenn wir etwa einen Hund ins „Platz" herunterdrücken. Er legt sich nämlich nicht freiwillig hin, sondern wird durch unsere Einwirkung dazu gezwungen.

In jeder Sparte des Hundesports wünscht man sich aber ein „freudiges, aktives Arbeiten" des Hundes. Meiner Meinung nach steht dies im krassen Widerspruch zu Ausbildungsmethoden, die auf Zwang beruhen. Wie kann man denn von jemandem, sei es Mensch oder Tier, den man zu etwas zwingt, ernsthaft erwarten, daß er dies mit Freude und Begeisterung tut? Spaß zu haben an einer Sache, das kann man glücklicherweise nicht erzwingen, und für den Betrachter ist zweifellos ein Unterschied zu erkennen zwischen einem Hund, der freudig (freiwillig!) mitmacht und einem Hund, der das Verlangte nur ausführt, weil er dazu gezwungen wird. In einigen Ländern sehen die Prüfungsordnungen für Obedience gewisse Punktzahlen für die harmonische Zusammenarbeit zwischen Hundeführer und Hund vor. Dadurch sollte gewährleistet sein, daß Ausbilder, die mit Zwang arbeiten, langfristig aussterben, denn diese Punkte werden sie niemals bekommen und somit auch nicht siegen können.

Ich hoffe, wir sind uns einig darin, daß wir unseren Hund nicht dazu zwingen wollen, etwas gegen seinen Willen zu tun. Wie aber können wir erreichen, daß unser Hund nun nicht völlig unkontrolliert das tut, was er will, sondern das, was **wir** wollen? Heißt Verzicht auf Zwang nicht gleichzeitig Verzicht auf Kontrolle? Nicht, wenn wir es richtig anfangen! Die Kunst der Ausbildung liegt nämlich darin, es zu schaffen, daß der Hund genau das tun will, was auch wir wollen. Das ist durchaus keine Utopie – die Verhaltensforschung liefert uns mit ihren Erkenntnissen genau das Rüstzeug, das wir dazu benötigen.

Ohne etwas Theorie kommen wir dabei allerdings nicht aus, und wenn Sie in der Lage sein wollen, Ausbildungsmethoden kritisch zu betrachten oder selbst zu entwickeln, sollten Sie den folgenden Abschnitt gründlich durcharbeiten. Wiederholen Sie ihn von Zeit zu Zeit, und bald werden Sie feststellen, daß Sie ein klareres Verständnis für bestimmte Zusammenhänge bekommen.

Der wichtigste „Kernsatz" lautet: Verhalten wird von seinen Konsequenzen gesteuert. Die Konsequenz auf ein Verhalten hat Einfluß darauf, ob ein Verhalten in Zukunft wiederholt wird oder eher nicht. Daraus folgt, daß wir in der Lage sind, Verhalten zu beeinflussen, wenn wir Einfluß auf die Konsequenzen haben. Umgekehrt können wir ein Verhalten nicht kontrollieren, wenn wir keinen Einfluß auf seine Konsequenzen haben. Die Wissenschaftler unterscheiden zwei Typen von Konsequenzen, die Verhalten beeinflussen: verstärkende und bestrafende.

Verstärkende Konsequenzen sorgen dafür, daß Häufigkeit, Dauer und Intensität eines Verhaltens gesteigert werden. Man unterscheidet zwischen positiver und negativer Verstärkung.

Bei der **positiven Verstärkung** kommt etwas hinzu, was der Hund als Belohnung auffaßt (z. B. ein Belohnungshappen). Bei der negativen Verstärkung hingegen fällt etwas weg, was der Hund als unangenehm empfindet (z. B. ein Zug am Halsband). Beide Konsequenzen haben eine Änderung des zukünftigen Verhaltens zur Folge (anderenfalls wären es keine Verstärker); das Verhalten wird in Zukunft häufiger, länger und intensiver auftreten.

Bestrafende Konsequenzen mindern ein Verhalten dagegen. Auch hier unterscheidet man zwischen **positiver** und **negativer** Bestrafung: Bei der **positiven Bestrafung** wird etwas hinzugefügt, das der Hund nicht mag (z. B. ein Leinenruck); bei der **negativen Bestrafung** dagegen wird etwas weggenommen, was der Hund mag (z. B. sein Spielzeug oder unsere Zuwendung).

Zu Risiken und Nebenwirkungen fragen Sie ...

... Ihren Hund? Nein, im Ernst: fragen wir einmal nach, was uns die Wissenschaftler zu diesem Thema sagen. Es gibt nämlich tatsächlich Nebenwirkungen, und zwar nicht zu knapp. Glücklicherweise können wir dafür sorgen, daß uns und unserem Hund die schädlichen Nebenwirkungen erspart bleiben, wenn wir diese erst einmal entlarvt haben.

Was ist nun überhaupt gemeint mit Nebenwirkungen? Nun, wenn alles so einfach wäre wie oben beschrieben, wäre es kein Problem, dafür zu sorgen, daß unser Hund nur das tut, was wir wollen.

Täte er etwas Unerwünschtes, würden wir einfach für eine unangenehme Konsequenz sorgen, und das Problem wäre damit aus der Welt – wie es viele Bücher über Hundeerziehung übrigens empfehlen. Leider gibt es da eine kleine Komplikation: Konsequenzen, egal welcher Art, werden von unserem Hund nicht nur mit seinem Verhalten verknüpft, sondern auch mit den äußeren Einflüssen zu diesem Zeitpunkt.

Das heißt, alles, was der Hund in dem Moment riecht, sieht, hört, sich nähernde Personen oder Tiere etc., wird vom Hund in die Situation mit einbezogen und kann künftig entsprechendes Verhalten auslösen.

Besonders dramatisch ist dies im Fall der positiven Bestrafung: Nicht nur das bestrafte Verhalten wird mit der Strafe verknüpft, sondern unter anderem auch die ausführende Person oder eine andere Person oder ein Tier, das zufällig in der Nähe ist, während die Strafe erfolgt.
Das kann vielerlei unerwünschte Nebenwirkungen haben: Beispielsweise könnte unser Hund lernen, daß ein bestimmtes Verhalten immer bestraft wird, wenn wir in der Nähe sind. So können wir ihm durch positive Strafe prima abgewöhnen, Löcher im Garten zu buddeln – solange wir dabei sind ... Das heißt noch lange nicht, daß er nicht buddelt, wenn wir nicht da sind! Noch schlimmer: unser Hund könnte lernen, daß unsere Gegenwart unangenehm ist. Wenn Strafe mit der Person, die sie ausführt, verknüpft wird, führt dies leicht zu Aggression gegen diese Person bei gleichzeitigem Verlust von Vertrauen in diese Person.

Eine weitere unangenehme Nebenwirkung von Strafe ist, daß sie nicht nur das Verhalten beeinflußt, das sie unterdrücken soll, sondern auch eine ganze Menge drumherum. Es ist, als ob man eine Bombe wirft – der Hund ist emotional nicht in der Lage, **irgend**etwas zu tun; sein gesamtes Verhaltensrepertoire wird von dieser Bombe mit getroffen. Erlernte Hilflosigkeit ist oft die Folge – genau das Gegenteil von dem freudig, aktiv mitmachenden Hund, den wir uns wünschen.

Noch dazu kommt, daß wir mit der Anwendung von Strafe in einen Teufelskreis geraten: Strafe muß immer stärker werden, um wirksam zu bleiben, weil allmählich eine Abstumpfung einsetzt. Ist dann noch das Timing falsch, d.h. die Strafe kommt zu spät, kann sie vom Hund nicht mehr mit seinem Verhalten verknüpft werden. Damit ist sie nicht einmal mehr eine Strafe, sondern nur noch bloße Tierquälerei.
Nun aber zu den erwünschten Nebenwirkungen der positiven Verstärkung: Dadurch, daß nicht nur das Verhalten selbst mit den Konsequenzen in Verbindung gebracht wird, wird der Hund alles, was in dieser Situation sonst noch zugegen war, ebenfalls als positiv empfinden.

So wird er den Ort mögen, an dem er belohnt wurde, die Leine, die er zum Zeitpunkt der Belohnung trug, die Person, von der die Belohnung kam und die Ausbildung an sich. Die Beziehung zwischen Mensch und Hund wird verbessert; der Hund liebt die Ausbildung.

Wenn bei der positiven Verstärkung einmal unser Timing nicht stimmt, kann unser Hund die Belohnung zwar auch nicht mit seinem Verhalten verknüpfen, aber diese Verlangsamung der Ausbildung ist auch das Schlimmste, was dabei passieren kann.

Ein weiterer Pluspunkt für die positive Verstärkung ist, daß sie allmählich immer weiter abgebaut werden kann, ja, sogar abgebaut werden muß, um wirksam zu bleiben. Außerdem kann sie beim Hund niemals zu Aggression führen.

Ich hoffe, ich habe Sie überzeugt und die positive Verstärkung wird für Sie zum Mittel der Wahl. Wenn Sie Erfolg damit haben wollen, sollten Sie vorwiegend an sich selbst arbeiten:

• Lernen Sie, häufig zu verstärken. Warten Sie nicht auf Fehler, sondern helfen Sie Ihrem Hund, etwas richtig zu machen, damit Sie ihn belohnen können.

Planen Sie die Situationen entsprechend, um es dem Hund zu erleichtern, Erfolg zu haben. Stört es Sie, daß Ihr Hund immer anfängt zu bellen, wenn er länger stilliegen soll?

Dann warten Sie nicht darauf, daß er anfängt zu bellen, also einen Fehler macht, sondern belohnen Sie ihn, so lange er noch still ist.

Ignorieren Sie ihn, wenn er bellt, aber versuchen Sie, beim nächsten Mal, nicht so langes Liegen zu verlangen, sondern beenden Sie die Übung, solange der Hund noch alles richtig macht.

Beobachten Sie Ihren Hund und schärfen Sie Ihren Blick dafür, was er gut macht. Denken Sie daran: die Konsequenz bestimmt das Verhalten. Bekommt Ihr Hund Zuwendung, wenn er bellt (auch Anschreien kann für ihn Zuwendung sein), dann wird er auch in Zukunft bellen, um Beachtung zu finden.

Geben Sie Ihrem Hund aber Zuwendung, während er still daliegt, wird er bald lernen, daß das Stilliegen der Teil ist, der belohnt wird und bald keinen Grund mehr haben, zu bellen. Das unerwünschte Verhalten wird ignoriert und stirbt allmählich aus.

• Trainieren Sie gutes Timing: der Zeitabstand zwischen Verhalten und Konsequenz sollte maximal 1/4 bis 1/2 Sekunde betragen.

• Werden Sie niemals eintönig, sondern überraschen Sie immer wieder Ihren Hund mit der Zeitfolge und Größe der Belohnung, variieren Sie die Lektionen und gestalten Sie die Übungszeiten interessant und halten Sie sie kurz.

• Lernen Sie den Gebrauch eines indirekten Verstärkers. Ein Beispiel hierfür ist der **Clicker**.

Über das **Click & Treat** oder **Clickertraining** wird in der letzten Zeit viel gesprochen und geschrieben. Es ist eine Ausbildungsmethode, die auf dem Einsatz eines indirekten Verstärkers beruht, und die meisten Hunde reagieren darauf unglaublich enthusiastisch.

Zum besseren Verständnis der folgenden Erklärung möchte ich vorher ein paar Begriffe kurz definieren:

• In der Verhaltensforschung wird **Verstärker** als etwas definiert, das 1. einer Handlung folgt (eine Konsequenz also) und 2. verursacht, daß diese Handlung in Zukunft häufiger auftritt.

Beispiel: Wir drücken einen Schalter (Handlung), das Licht geht an (Konsequenz). Folge: In Zukunft werden wir die Handlung öfter wiederholen.

Man unterscheidet zwischen direkten und indirekten Verstärkern, positiver und negativer Verstärkung:

• Ein **direkter Verstärker** ist etwas, das direkt, durch seine Beschaffenheit, als Verstärker fungiert. Direkte Verstärker sind in der Regel mit den natürlichen Instinkten oder Trieben gekoppelt.
Beispiel: Futter. Alle Lebewesen müssen essen, daher wird Verhalten, das erfolgreich zum Erlangen von Nahrung führt, auch wiederholt.

• Ein **indirekter Verstärker** dagegen ist etwas, das ohne einen vorgeschalteten Lernprozeß keine Bedeutung hat; die Funktion als Verstärker wird erst durch einen Konditionierungsprozeß erreicht. Der indirekte Verstärker wird daher auch **konditionierter Verstärker** genannt.

• Auf „Click & Treat" übertragen heißt das: Das „Klick-Klack" eines Knackfrosches hat normalerweise keinerlei Bedeutung für einen Hund.

Hat der Hund aber gelernt, daß jedesmal, wenn das „Klick-Klack" ertönt, gleich danach Futter/Spielzeug (= direkter Verstärker) folgt, wird der Clicker zum Ausbildungswerkzeug, den wir in Zukunft einsetzen können, wenn der Hund etwas tut, was wir verstärken möchten.

• **Shaping**: Shaping (zu deutsch: Formen) bedeutet, daß wir ein Endziel in ganz kleinen Schritten erreichen. Das Verhalten wird sozusagen Schritt für Schritt „aufgebaut".

• Das Prinzip der **variablen Belohnung** oder **„Zufallsbelohnung".** Was ist das nun wieder?! Stellen wir uns einmal vor, daß wir mit unserem Hund eine Prüfung ablegen.

Dabei fällt eines ins Auge: Wir können weder direkte noch indirekte Verstärker besonders oft benutzen, während einer Übung schon gar nicht, allenfalls nach deren Beendigung. Wozu also erst Clicker und/oder Leckerli in der Ausbildung benutzen, wenn diese nachher in der Prüfung doch nicht erlaubt sind?
Ist eine Ausbildung mit Hilfe von Verstärkern überhaupt mit dieser späteren Prüfungs-Praxis zu vereinbaren? Die Antwort ist ein klares JA!

Das Geheimnis ist, daß unser Hund niemals genau wissen darf, wann seine Belohnung kommt. In den Anfängen der Ausbildung kommt noch ziemlich oft eine Belohnung; so helfen wir dem Hund, die ganze Sache trotz der mit allem Neuen verbundenen Unsicherheit angenehm zu finden und seine Motivation zu erhalten. Später aber, wenn der Hund eine Übung beherrscht, ist es nicht mehr nötig, ja sogar eher kontraproduktiv, ihn jedesmal zu belohnen.

Karen Pryor, die das Clickertraining populär gemacht hat, beschreibt es in einem ihrer Bücher so: Wenn man einem kleinen Kind das Fahrradfahren beibringt, wird man es anfangs ständig loben und alle paar Meter bewundern, wie toll es schon das Gleichgewicht hält, daß es jetzt schon mehrere Meter geradeaus fahren kann und ähnliches. Niemand würde aber auf die Idee kommen, das selbe Kind auch Jahre später für seine Radfahrkünste so zu bewundern und zu loben.

Zurück zu unserem Hund: Wenn wir niemals damit aufhören würden, eine Handlung des Hundes jedesmal zu belohnen (z. B. „Sitz"), wären wir zwar für den Hund so verläßlich wie ein wandelnder Futterautomat, aber auch genauso langweilig. Das ist aber das letzte, was wir wollen: für unseren Hund soll es nichts Interessanteres geben als uns!

Also bedienen wir uns eines cleveren Prinzips: Wir belohnen nicht mehr jedesmal, sondern immer seltener; der Hund weiß aber niemals im voraus, wann die Belohnung kommt. Anfangs vielleicht, wenn unser Hund zweimal „Sitz" gemacht hat, dann nur noch für drei-, vier- oder fünfmaliges „Sitz" oder für besonders schnelles Ausführen.

Wie der Name „Zufallsbelohnung" schon vermuten läßt, darf man dabei nicht berechenbar sein, also nicht jedes zweite, jedes dritte oder jedes fünfte Mal belohnen, sondern mal sofort, mal nach fünfmal „Sitz", dann nach zweimal, dann nach fünfmal, dann wieder nach dreimal usw. Dies ist nur ein Beispiel. Seien Sie unberechenbar! Das ist gar nicht so einfach, wie es klingt – Menschen sind nämlich Gewohnheitstiere, und nur allzu leicht verfällt man wieder in ein vorausberechenbares Schema.

Ihr Ziel ist es, sozusagen vom „Futterautomaten" zum „einarmigen Banditen" zu mutieren – diese Spielautomaten sind ein perfektes Beispiel für Zufallsbelohnung. Genau dieses Prinzip nämlich macht diese Automaten für viele Menschen über Jahre hin so interessant, daß einige sogar süchtig davon werden.

Wie führt man Hör- oder Sichtzeichen ein?

Traditionell wurden Hunden die Kommandos meist beigebracht, indem man den Hund in das gewünschte Verhalten lockte, drückte oder zog und gleichzeitig das entsprechende Wort sagte.

Um beispielsweise das Kommando „Sitz" zu lehren, wurde dem Hund bei kurzgehaltener Leine das Hinterteil heruntergedrückt, gleichzeitig ertönte das Wort „Sitz". Leider werden bei dieser Methode wichtige Dinge vernachlässigt. So wird der Hund mit dem Wort „Sitz" sehr wahrscheinlich nicht ausschließlich seine Handlung verknüpfen, sondern auch die Hand, die ihn herunterdrückt. Erst nach vielen Wiederholungen kann sich für ihn herauskristallisieren, was das Wort bedeutet, das er ja ebenso wenig kennt, wie die Handlung. Es ist für den Hund ein wenig wie eine Gleichung mit zwei Unbekannten: ziemlich kompliziert!

Wir können es uns und unserem Hund viel leichter machen, indem wir erst einmal die eine Unbekannte durch eine bekannte Größe ersetzen. Auf unser Beispiel angewandt heißt das, unser Hund soll erst

Naturgemäß reagieren Hunde auf Körpersprache viel leichter als auf das gesprochene Wort. Die erhobenen Arme reichen aus, um Dalmatinerhündin „Cookie" zum Hochspringen zu bewegen.

einmal die Handlung kennen und möglichst fehlerfrei ausführen.

Um nun so wenig Fehlerquellen wie möglich offenzulassen, ist es am besten, der Hund führt diese Handlung ohne körperliche Einwirkung aus. Das kann man sehr gut durch Shaping erreichen.

Die meisten Hunde – auch schon Welpen – zeigen das Sitzen ziemlich spontan. In der Regel genügt es, wenn man sich vor den Hund stellt und ihn auf sich aufmerksam macht. Dieses soll nun unsere erste Handlung auf Signal werden. Wir machen nun unseren Hund auf uns aufmerksam und warten ab, was er tut. Dabei beeinflussen wir ihn nicht: alles ist erlaubt.

Setzt er sich, wird er belohnt, ansonsten beachten wir ihn nicht. Bald wird er wissen, was von ihm erwartet wird und sich sofort hinsetzen, wenn wir ihn nur ansehen.
Dieselbe Übung machen wir jetzt an möglichst vielen verschiedenen Orten, anfangs mit wenig, später auch mit stärkerer Ablenkung. Klappt es überall, ist es an der Zeit, unser Signal einzuführen. Das kann ein Wort sein, ein Pfiff oder ein Handzeichen. Für unser Beispiel nehmen wir das Wort „Sitz".

Sobald sich unser Hund beim nächsten Mal gerade setzen will, sagen wir das Wort. Setzt er sich, wie erwartet, kommt wieder unsere Belohnung.

Nach ein paar Wiederholungen wird der Hund anfangen, das Wort „Sitz" mit seiner Handlung zu verknüpfen. Auch dies wiederholen wir wieder an verschiedenen Orten.

Noch ist aber unser Signal nicht hundertprozentig sicher. Dazu gehört noch ein bißchen mehr: Man kann erst von einer Kontrolle des Verhaltens sprechen, wenn der Hund es auf das Signal **jedesmal** ausführt, egal unter welchen Umständen und an welchem Ort. Er darf es auch nicht auf ein anderes Signal hin ausführen, z. B. sich setzen, wenn wir „Platz" sagen. Und er darf es nicht ausführen, wenn das Signal nicht gegeben wurde (außer natürlich, er hat „frei").

Den Anfang haben wir nun geschafft: unser Hund setzt sich, wenn wir „Sitz" sagen. Unser „Sitz" ist das Signal für die

Handlung. Wahrscheinlich würde er sich aber auch vor uns hinsetzen, wenn wir gar nichts sagen würden, denn bisher wurde er ja dafür von uns belohnt. Um unser Signal zu festigen, kommt jetzt unser nächster Schritt: Die Belohnung gibt es nicht mehr ohne vorheriges Signal. Das bedeutet, von jetzt an kann Ihr Hund sich erwartungsvoll vor Sie hinsetzen, so oft er möchte – belohnt wird er nur noch dafür, wenn Sie vorher das Signal gegeben haben. Ihr „Sitz" wird also für den Hund zum Zeichen, daß er jetzt die Chance hat, sich eine Belohnung zu verdienen.

Bildlich betrachtet: „Die Ampel steht auf grün". Anfangs vielleicht noch ein paar Sekunden, später hat der Hund dann aber die Chance vertan, wenn er sich nicht ganz schnell hinsetzt und die Ampel bereits wieder „rot" zeigt. Sobald dies klappt und Ihr Hund sich nicht mehr dauernd hinsetzt, ohne daß Sie etwas gesagt haben, variieren Sie auch hier wieder die Umgebung, und ändern Sie auch Ihre eigene Position – Ihr Hund sollte lernen, daß das Signal immer dasselbe bedeutet, egal ob Sie es ihm im Wohnzimmer oder auf einer Autobahnbrücke geben, egal ob Sie ihn dabei ansehen oder nicht, ob Sie sitzen, fahrradfahren oder kopfstehen!

Wo üben – im Verein, in der Hundeschule?

Möchte man bei der Ausbildung auf die Anleitung durch einen erfahrenen Ausbilder nicht verzichten, hat man drei Möglichkeiten: Man tritt einem Hundesportverein bei, man besucht eine Hundeschule oder man hat Glück und findet einen Ausbilder, der gegen ein Honorar Privatunterricht gibt. Was für Sie persönlich die beste Wahl ist, hängt von vielen Faktoren ab. Nachstehend ein paar Orientierungshilfen für Sie, die hilfreich sein könnten.

Vereine stehen und fallen mit ihren Ausbildern. Diese Übungsleiter sind in der Regel ehrenamtlich tätige Laien. Entsprechend unterschiedlich ist auch das Niveau. Nicht alle Vereine verlangen von ihren Ausbildern Qualifikationsnachweise. Informieren Sie sich, wie dies in dem jeweiligen Verein geregelt ist.

Natürlich kann auch kein Zertifikat dafür garantieren, daß ein bestimmter Ausbilder der richtige für Sie ist, aber es gibt Ihnen Auskunft darüber, wie engagiert der Ausbilder in Sachen Fortbildung ist.

Sehen Sie sich nach Möglichkeit auch an, wie der Ausbilder mit seinem eigenen Hund umgeht: auf dem Übungsplatz und außerhalb. Dies sagt oft mehr als tausend Worte. Prüfen Sie für sich selbst, ob diese Art Ihnen gefällt und zu Ihrer eigenen Einstellung paßt.

Ein weiterer, nicht zu unterschätzender Aspekt bei der Wahl eines Vereins sind die Mitglieder. Es gibt, auch heute noch, Vereine, in denen sich die Hauptaktivitäten regelmäßig am Tresen des Vereinsheims abspielen. Schauen Sie sich also auch die Leute an, die einen Verein besuchen. Sind sie Ihnen sympathisch, und gefällt Ihnen die Art und Weise, wie sie mit ihren Hunden umgehen? Hat der Verein einen guten Ruf?

Ein weiteres Kriterium sind die Übungszeiten. An welchen Tagen und zu welchen Uhrzeiten findet der Übungsbetrieb statt? Aufgrund der hohen Mitgliederzahlen ist der Übungsbetrieb meist streng durchorganisiert, Hauptübungsbetrieb ist in der Regel, wenig familienfreundlich, am Samstag und Sonntag.

Obedience, in Deutschland noch sehr neu, wird zur Zeit (Anfang 1999) erst von wenigen Vereinen angeboten.

Hundeschulen schießen in der letzten Zeit wie Pilze aus dem Boden. Auch ihre Qualität hängt von den Ausbildern ab, die dort tätig sind. Mit dem Unterschied, daß diese in der Regel mit dieser Tätigkeit ihren Lebensunterhalt bestreiten.

Ein geschütztes Berufsbild gibt es nicht, im Prinzip kann jedermann eine Hundeschule betreiben. Auch hier sollten Sie also nach der Qualifikation des Ausbilders fragen.

Die Kosten für den Hundehalter sind normalerweise deutlich höher als der Mitgliedsbeitrag für einen Hundeverein, allerdings können Sie für Ihr Geld auch eine individuelle Betreuung erwarten. Häufig haben Sie darüber hinaus meist die Möglichkeit, Unterricht nach Absprache zu bekommen, so daß er in Ihren Zeitplan paßt.

Der Schwerpunkt liegt in den meisten Hundeschulen, angepaßt an den Bedarf, weniger auf Hundesport, sondern vielmehr auf Alltagstauglichkeit der Hunde – fragen Sie nach, ob die Schule überhaupt Obedience im Angebot hat.

Selbst wenn dies der Fall ist: sobald Sie mit Ihrem Hund an offiziellen Obedience-Wettkämpfen teilnehmen wollen, benötigen Sie eine Leistungskarte oder ein Leistungsbuch. Diese bekommen Sie nur, wenn Sie Mitglied in einem überregional organisierten Hundesport- oder Rassezuchtverein sind, der solche Dokumente ausstellt.

Fühlen Sie sich in Ihrer Hundeschule jedoch gut betreut und möchten dort bleiben, auf die Teilnahme an Wettkämpfen aber trotzdem nicht verzichten, haben Sie immer noch die Möglichkeit, zusätzlich in einen Verein einzutreten, um an eine entsprechende Leistungskarte zu kommen.

Von einem/r Hundeverein/Hundeschule erwarte ich:

- *Hilfestellung in der Erziehung meines Hundes zur Alltagstauglichkeit, d.h. die wichtigsten Dinge wie Herankommen auf Zuruf, an lockerer Leine gehen und Jogger bzw. Radfahrer in Ruhe lassen sollen gelernt werden;*
- *daß mein Hund andere Hunde trifft und gutes Sozialverhalten entwickeln kann;*
- *daß ich zusammen mit meinem Hund eine Hundesportart erlernen und auf Wunsch auch an Wettkämpfen teilnehmen kann;*
- *mehr über Hunde zu lernen (Verhalten, Ausbildung, Umgang ...);*
- *Gleichgesinnte kennenzulernen;*
- *Hilfe bei Problemen mit dem Hund.*

Der **Privatunterricht** bei einem Ausbilder schließlich bietet wohl die individuellste Betreuung, die überhaupt möglich ist. In der Regel bekommen Sie dort Einzelunterricht, und nur Sie bestimmen, was Sie lernen möchten; der Lehrplan ist speziell auf Sie und Ihren Hund zugeschnitten.

Für die Qualifikation des Ausbilders gilt selbstverständlich wieder das oben Gesagte.

Das Video als Hilfsmittel

Auch der beste Ausbilder kann Ihnen nicht vermitteln, wie Sie und Ihr Hund für einen Betrachter aussehen. Eine viel zu selten benutzte Ausbildungshilfe ist die Aufzeichnung des Trainings auf Video. Viele Dinge, die man tut, werden einem gar nicht so bewußt. Sieht man sie aber einmal selbst, fallen sie meist sofort ins Auge. Kleine unbewußte Bewegungen oder Gesichtsausdrücke, auf die der Hund reagiert, unkorrektes Timing, eine schiefe Körperhaltung und vieles mehr lassen sich auf diese Weise sehr gut sichtbar machen. Gerade wenn man ohne Trainer auskommen muß, ist die Videoaufzeichnung häufig das einzige Mittel, sich selbst einmal kritisch zu betrachten.

Ebenso wird die Analyse von Fehlern durch Video sehr erleichtert. Manchmal geht etwas schief, ohne daß es für uns einen erkennbaren Grund gibt. Mit Videoaufzeichnungen ist es möglich, Fehlerquellen zu entdecken und dann gezielt dagegen anzutrainieren.

Wenn Sie schon mit Ihrem Hund auf Wettkämpfen starten und dort Schwierigkeiten haben, die im Training niemals auftreten und die Sie sich nicht so recht erklären können, lassen Sie sich auf dem Wettkampf filmen und vergleichen Sie diese Aufnahmen mit Aufzeichnungen Ihres Trainings.

Achten Sie besonders auf Ihren eigenen Ausdruck – Körperhaltung, Stimmlage etc. – sowie auf den gesamten Ablauf des Programms.

Vielleicht ist Ihr Hund es gewohnt, daß nach dem Apportieren immer ein Spielchen kommt oder vor dem Abrufen immer eine Bleib-Übung, und auf der Prüfung ist diese Reihenfolge plötzlich anders, oder Sie selbst verunsichern den Hund durch Ihre angespannte Haltung.

Oder vielleicht reden Sie im Training viel mehr mit Ihrem Hund, und es irritiert ihn, daß Sie plötzlich so ruhig sind. Viele Dinge werden einem oft nicht richtig bewußt. Videos können dabei helfen, sie zu entlarven.

Die Grundübungen

Bevor wir mit den Obedience-Übungen anfangen, sollten wir uns und unserem Hund den Gefallen tun, ein paar vorbereitende Übungen zu machen. Wer jetzt das Glück hat, einen Welpen zu besitzen, hat den entscheidenden Vorteil, von vornherein alles richtig aufzubauen. Aber alle anderen seien getröstet: Mit jedem Hund, egal wie alt, kann man evtl. Versäumtes nachholen.

Der Grund, warum ich so viel Wert auf eine gute Vorbereitung lege, ist einfach: Je mehr der Hund schon kann, wenn wir eine Obedience-Übung anfangen, desto leichter ist es für uns. Wir können uns so besser mit unserem Hund verständigen, weil er schon über ein gewisses „Grundvokabular" verfügt.

Außerdem können wir bei diesen Grundübungen selbst unsere Ausbildungstechniken üben und uns schon richtig mit dem Hund als Team einspielen. Das beugt späteren Verständigungsschwierigkeiten vor. Zu guter Letzt sind die meisten dieser Vorübungen auch für den Alltag mit dem Hund ganz nützlich.

1. Blickkontakt

Blickkontakt bedeutet, daß der Hund uns ansieht. Wo er nun genau hinguckt, ist Geschmackssache. Viele Hundeführer haben es gern, wenn ihr Hund ihnen direkt in die Augen schaut. Zwingend notwendig ist das aber nicht.

Manchen Hunden fällt dieser Augenkontakt auch schwer, denn in der Hundesprache bedeutet das direkte „In-die-Augen-Sehen" eher eine Provokation, und wenn unser Hund uns deutlich machen wollte, daß er uns als Chef akzeptiert, müßte er nach „Hunde-Knigge" eigentlich weggucken.

Blickkontakt x 4!

Auch das will gelernt sein: Die Hunde halten den Blickkontakt auch, wenn dieser nicht erwidert wird.

Natürlich kann man einem Hund auch beibringen, daß **unser** Augenkontakt, zumindest in diesem Zusammenhang, etwas anderes bedeutet.

Doch es reicht aus, wenn der Hund uns überhaupt ansieht, z. B. auf unseren Körper schaut. Der Sinn des Blickkontaktes ist nämlich der, daß unser Hund auf uns achtet und so auch schon kleinste Signale erkennt.

Beim Bei-Fuß-Gehen beispielsweise ist es ungemein hilfreich, wenn der Hund auf Körpersprache achtet. Wie wir diese dann für unsere Ausbildung nutzen können, wird im entsprechenden Kapitel ausführlich beschrieben.

Wie können wir nun unserem Hund beibringen, uns anzusehen? Im Prinzip brauchen wir nur abzuwarten, bis der Hund uns sowieso ansieht und ihm genau in diesem Moment klarmachen, daß das richtig ist. Ab und zu ist also eine kleine Belohnung angebracht.

Noch einfacher geht es, indem man ein Spielzeug oder Leckerli in die Hand nimmt und den Hund bei seinem Namen ruft. Höchstwahrscheinlich wird er dann zumindest zu uns sehen, und in diesem Moment können wir ein Signalwort benutzen, z.B. „Guck“ und den Hund sofort belohnen. Dabei müssen wir darauf achten, daß der Hund in dem Moment, in dem die Belohnung kommt, wirklich noch zu uns guckt (sonst würden wir ihn nämlich für das Wegsehen belohnen).

Wenn dies gut klappt, können wir anfangen, die Zeitspanne zu verlängern, das heißt, der Hund wird erst belohnt, wenn er uns über längere Zeit angesehen hat. Das müssen wir natürlich langsam steigern, damit der Hund nicht überfordert wird und sich Fehler einschleichen. Für den Anfang genügt eine Sekunde Blickkontakt, später dann ein paar Sekunden usw.

Zu Anfang üben wir in einer ablenkungsarmen Umgebung (prima vom Fernsehsessel aus...). Sind wir sicher, daß unser Hund das ausgewählte Signalwort verknüpft hat, können wir anfangen, die Übung auch nach draußen zu verlegen.

So wie wir anfangs die Zeitspanne langsam gesteigert haben, so steigern wir jetzt die Umgebungsablenkung, um unserem Hund zu zeigen, daß unser Signalwort immer und überall gilt, also nicht nur, wenn es sonst sowieso nichts Interessantes zu sehen gibt... Sollten wir anfangs merken, daß die Wahrscheinlichkeit gering ist, daß unser Hund uns anguckt (weil vielleicht gerade sein Erzrivale im Anmarsch ist), setzen wir unser Signalwort nicht gerade zu diesem Zeitpunkt ein: was wir wollen, ist ja Erfolg, und der wäre jetzt denkbar unwahrscheinlich.

Bei regelmäßigem Üben wird unser Hund aber bald feststellen, daß es sich immer lohnt, uns anzusehen, wenn wir „Guck“ sagen, und dann können wir dieses Wort auch in schwierigen Situationen vorteilhaft einsetzen, um den Hund z. B. von etwas abzulenken.

Ein Spielzeug kann helfen, dem Hund die Übung „Blickkontakt“ verständlich zu machen.

Bobtailrüde „Arrow“ geht schön eng an Frauchens linkem Bein und hält dabei Blickkontakt.

Warten muß nicht langweilig sein, wie diese „Zaungäste" demonstrieren.

Für Obedience ist Blickkontakt absolut unverzichtbar. Es steht zwar so direkt in keiner Prüfungsordnung, daß der Hund den Hundeführer ansehen muß, Tatsache ist aber, daß einfach kein Hund gewinnt, der dies nicht tut.

Davon ganz abgesehen sieht es auch einfach viel schöner aus, wenn der Hund zu seinem Menschen hochguckt, als wenn er einfach in die Gegend starrt.

2. Warten

Als Signalwort und Übung ist „Warten" einsetzbar in vielen Situationen, auch und ganz besonders im Alltag.

Wenn ich z.B. einen Stock für meine Dusty werfen will, sie aus Sicherheitsgründen aber nicht gleich losrennen soll (der Stock könnte mit einem Ende nach oben landen und sich meinem Hund in den Rachen rammen), sage ich „Warte" und lasse sie erst losrennen, wenn der Stock sicher auf dem Boden liegt.

Ich möchte aus dem Haus gehen, und zwar ohne daß mein Hund sich aus lauter Eifer den Kopf an der Tür stößt. Also heißt es beim Öffnen „Warte".

Wir möchten gemeinsam mit dem Auto wegfahren, ich möchte aber vorher die Hundedecke noch einmal ausschütteln – also: Heckklappe auf und „Warte". Ebenso (sicherheitshalber) beim Aussteigen ...

Wie bringt man nun einem Hund bei, zu warten? Er muß merken, daß er das, was er im Moment will, erst bekommt, wenn er auf unser „Warte“ reagiert.

Eine gute Möglichkeit zu üben ist der Einsatz von Futter. Man kann hierzu ein Leckerli oder auch einfach den gefüllten Freßnapf verwenden. Einen sehr schnellen Hund nehmen wir sicherheitshalber an die Leine.

Dann halten wir ihm das Leckerli vor seine Nase oder stellen den Freßnapf auf den Boden. Will er sofort hin, nehmen wir das Futter wieder außer Reichweite. Nach ein paarmal wird der Hund zögern, weil er gemerkt hat, daß er das Futter doch nicht bekommt.

Dieses Zögern ist genau das, worauf wir gewartet haben: er WARTET nämlich! Also können wir unser Signalwort geben und ihn für das Warten mit dem Futter belohnen. Wie bei der Übung „Blickkontakt“ steigern wir auch hier allmählich die Zeit und die Anforderungen.

Jedes Motivationsmittel ist wertlos für die Ausbildung, wenn der Hund es sich nach Belieben nimmt. Diese Dobermann-Hündin wartet ...

... bis die Hundeführerin ihr signalisiert: „Jetzt darfst du“!

3. „Ja und Nein“

Eng verwandt mit dem Warten ist das „Nein“. Es bedeutet aber, daß der Hund etwas, was er gerade tun will, überhaupt nicht tut.

Dabei muß „Nein“ durchaus nicht automatisch etwas Negatives für unseren Hund bedeuten. Im positiven Sinne bedeutet „Nein“ für unseren Hund so etwas wie „Das, was ich gerade tue/tun will, lohnt sich nicht: ich sollte statt dessen lieber etwas anderes tun“.

Hierzu eine kleine Geschichte: Vor einiger Zeit ging meine Dusty längere Zeit lahm, und da diese Lahmheit sich nach schnellem Herumlaufen jedesmal stark verschlimmerte, ging ich dazu über, eine lange Leine zu benutzen. So hatte mein Hund zwar noch etwas Bewegungsfreiheit, konnte aber nicht einfach losflitzen. Zur Erledigung ihrer Geschäfte geht Dusty immer ins Gebüsch, und so passierte es regelmäßig, daß sie sich auf dem Rückweg mit der Leine im Unterholz verhedderte.

Da ich es leid war, immer wieder den Hund befreien zu müssen, erfand ich ein neues Spiel: „Ja" und „Nein". Ging sie auf dem Rückweg in eine falsche Richtung, sagte ich „Nein", worauf sie einen Schritt rückwärts machte und sich einen neuen Weg suchte. War dieser richtig, half ich ihr mit „Ja".

Nach ganz kurzer Zeit fing Dusty an, Spaß an diesem Spielchen zu entwickeln und sah mich auffallend „fragend" an, wenn sie auf dem Rückweg aus dem Gebüsch kam. Irgendwie werde ich den Verdacht nicht los, daß sie extra oft ins Gebüsch gegangen ist, nur um dieses Spielchen zu spielen... Warum ich diese Geschichte erzählt habe? Ganz einfach, damit deutlich wird, daß „Nein" nicht zwangsläufig unangenehm ist!

Das Üben von „Nein" ist ganz ähnlich wie das des Wartens. Ergänzend sollten wir uns etwas einfallen lassen, was unser Hund statt dessen tun kann.

Zum Beispiel könnte man in jeder Hand ein Leckerli halten und sich überlegen, welches der Hund nehmen soll. Versucht er, das andere zu nehmen, heißt es „nein" und das Leckerli verschwindet in der geschlossenen Hand. Versucht er trotzdem, es zu nehmen, lassen wir die Hand geschlossen, bis er von sich aus abläßt. Dann präsentieren wir die andere Hand und erlauben ihm, das Leckerli aus dieser zu nehmen. Allmählich lernt der Hund, daß es sich lohnt, auf „Nein" zu reagieren, auch wenn die Verlockung noch so groß ist. Natürlich gilt auch hier, die Schwierigkeit allmählich zu steigern.

4. Kommen auf Zuruf

Dies ist wohl die wichtigste Übung überhaupt, die ein Hund können muß. Seltsamerweise sieht man aber Tag für Tag jede Menge Hunde, die das nicht zuverlässig tun. Meist ist der Grund dafür, daß andere Dinge diesen Hunden einfach mehr Spaß machen als zu ihrem Besitzer zurückzulaufen.

Häufig kann man beobachten, daß Hunde nur gerufen werden, wenn sie angeleint werden sollen. Diese Hunde lernen ziemlich schnell, daß Kommen auf Ruf nur „Spaß beendet" bedeutet. Nur zu verständlich, daß sie sich dann gern etwas Zeit damit lassen.

Mancher Hundebesitzer lobt seinen Hund zwar, wenn dieser kommt, aber aus Sicht des Hundes sieht die Sache oft ganz anders aus: Eben noch hat er mit seinen Kumpels gespielt, jetzt bekommt er halbherzig den Kopf getätschelt. Was macht wohl mehr Spaß?

In Wirklichkeit denkt dieser Hundebesitzer nur, daß er den Hund lobt, dieser denkt aber wahrscheinlich ganz anders darüber... Lob oder Belohnung müssen wir immer aus der Sicht des Hundes betrachten, uns also möglichst in den Hund hineinversetzen und ergründen, was dieser wohl im Moment am liebsten hätte.

Wie übt man nun am besten das zuverlässige Herankommen auf Zuruf?

Herankommen unter Ablenkung: Dieser Schäferhund läßt sich weder durch die anwesenden Hunde und Menschen noch durch plötzlich aufgespannte Regenschirme auf seinem Weg beirren und rennt schnurstracks zu seinem Besitzer.

Zunächst müssen wir uns überlegen, womit wir den Hund bewegen können, zu uns zu kommen. Wann kommt er sowieso immer angerannt? Tut er dies vielleicht, wenn wir seine Futterschüssel nehmen, um Futter hineinzutun? Prima! Dies können wir für unsere Übung gut benutzen. Dazu nehmen wir einfach die Schüssel hoch, und sobald wir bemerken, daß unser Hund angelaufen kommt, sagen wir unser neues Signalwort fürs Kommen, z.B. „Komm". Ist er dann bei uns angekommen, gibt es zur Belohnung eine gefüllte Futterschüssel. Ähnlich gern kommen die meisten Hunde, wenn ein Spaziergang ansteht. Auch dies ist eine sehr gute Übungsmöglichkeit.

Nun wird vielleicht der eine oder andere von Ihnen einwerfen „Ich kann doch nicht den ganzen Tag lang andauernd meinen Hund füttern oder mit ihm rausgehen". Stimmt! Das brauchen Sie auch nicht. Schließlich wollen wir, daß unser Hund etwas **Besonderes** mit diesem Signal verbindet. Würden wir nun andauernd rufen und andauernd belohnen, wäre es eben nichts Besonderes mehr – das Signal würde sich „abnutzen". Als Faustregel: dreimal täglich üben. Das genügt. Sie werden schnell den Erfolg sehen.

Wenn dies in ablenkungsarmer Umgebung, z. B. im Haus, zuverlässig klappt, können wir anfangen, auch draußen zu üben. Denken Sie aber daran, auch hier mit etwas ganz Besonderem aufzuwarten, denn draußen sind nicht nur Sie interessant, sondern auch viele andere Dinge!

Vielleicht spielt Ihr Hund gern mit einem Ball oder einem Ziehknoten? Dann nehmen Sie sein Spielzeug mit nach draußen. Wenn Ihr Hund sich ein paar Meter von Ihnen entfernt hat, fangen Sie an, **selbst** auffällig mit dem Spielzeug zu spielen. Das wird höchstwahrscheinlich das Interesse Ihres Hundes wecken, der neugierig angelaufen kommt. Auf diesen Moment haben Sie natürlich gewartet: Schnell rufen Sie noch das Signalwort „Komm" und belohnen unseren Hund mit einem gemeinsamen Spiel.

Merken Sie, daß der Hund gerade abgelenkt ist und wahrscheinlich sowieso nicht kommen würde, rufen Sie erst gar nicht. Sie müssen immer die Kontrolle über die Situation haben. Und denken Sie unbedingt an „dreimal täglich"! Rufen Sie nämlich Ihren Hund zu oft und vor allem unnötig, wird er bald keine Lust mehr haben: der Reiz des Besonderen ist dahin.

Betrachten Sie es so: Ihr „Komm" ist eine Chance, eine Einladung für Ihren Hund, mit Ihnen Spaß zu haben. Etwa so, als würden Sie Ihren Kindern sagen: Komm, wir gehen in den Vergnügungspark oder ein Eis essen. Die wenigsten Kinder werden daraufhin lieber weiter im Sandkasten buddeln. Rufen Sie aber nur, weil die Kinder ins Bett gehen sollen oder die Hausaufgaben machen, wird das Rufen längst nicht mehr so attraktiv sein.

Eine andere Möglichkeit ist es, zwei Rufsignale einzuführen, eines „für den Alltag" und ein „Besonderes" (dies kann z. B. auch eine Pfeife sein). Dann können wir das „Alltagswort" auch benutzen, wenn wir den Hund aus irgendeinem Grund rufen möchten, aber nicht ganz sicher sind, ob er auch kommt, und das andere Signal für die besonderen Gelegenheiten aufsparen (so, wie oben beschrieben). Wenn wir diese Übung konsequent aufbauen, wird sie bald keine Schwierigkeiten mehr bereiten.

Colliemix „Jacky" genießt sichtlich das gemeinsame Spiel an der Leine.

5. Angeleint sein macht Spass!

Wofür soll das wichtig sein? In unserer späteren Ausbildung werden wir oftmals von der Leine Gebrauch machen, und sei es nur zur Kontrolle.

Wenn der Hund die Leine aber bisher nur als Einengung erlebt hat, die ihn von Spaß abhält, wird seine Stimmung wahrscheinlich ziemlich gedämpft, sobald er angeleint wird. Das ist nicht gerade das, was wir wollen. Obedience soll ja uns **und** dem Hund Spaß machen!

Deshalb müssen wir uns von Anfang an überlegen, wie wir es anstellen, daß der Hund auch mit der Leine Spaß verbindet. Das geht ähnlich wie mit dem Rufen: Erlebt der Hund immer etwas Angenehmes, nachdem er angeleint wurde, wird er sich bald auf die Leine freuen.

Das geht zum Beispiel sehr gut mit einem Zieh-Spielzeug, das man gemeinsam mit dem Hund festhalten kann. Ab und zu sollte sich die Leine dabei ruhig etwas straffen, damit der Hund merkt, daß er angeleint ist und lernt, daß ein kleiner Zug am Halsband nichts Schlimmes bedeutet.

In England habe ich eine clevere Methode kennengelernt: Vor dem Spielen mit dem Hund wird kurz an der Leine gezupft („Ruck-Ruck").

Nach wenigen Wiederholungen hat der Hund gelernt, daß „Ruck-Ruck" an der Leine immer gefolgt von Spaß ist und wird entsprechend aufmerksam und erwartungsfroh – genau der Zustand, den wir uns für die Ausbildung wünschen!

Gehört Ihr Hund zu denen, die gern an der Leine ziehen, versuchen Sie, nicht ärgerlich an der Leine zu rucken. Es genügt, wenn Sie einfach stehenbleiben, wenn sich die Leine strafft. Der Hund soll merken: „Wenn ich ziehe, geht es nicht weiter".

Irgendwann wird er sich wahrscheinlich fragend zu Ihnen umdrehen. Wenn sich dabei die Leine etwas lockert, loben Sie den Hund und gehen wieder weiter.

Anfangs kommt man nicht sehr weit dabei, weil man alle paar Schritte stehenbleibt. Ist man aber wirklich konsequent dabei, lernen die Hunde sehr schnell, manierlich zu gehen.

Wenn Sie vor dem Problem stehen, daß Sie nur begrenzt Zeit haben und glauben, Sie schaffen es mit dieser Methode nicht

Gemeinsames Spiel an der Leine fördert die gute Beziehung und hilft dem Hund, auch zum Angeleint-Sein ein positives Verhältnis aufzubauen.

Spielzeug ist nicht nur zum Werfen da! Sonst hat der Hund seinen Spaß weit weg von uns. Besser spielt man, wie das Foto zeigt.

Gemeinsames Spiel verbindet.

bis zum Auslauf-Platz, wo der Hund abgeleint werden kann, gehen Sie einen Kompromiß ein: Verwenden Sie z. B. ein Brustgeschirr für den Hund. Trägt er dieses Geschirr, darf er ziehen, trägt er aber ein Halsband, muß er manierlich gehen.

6. Sitzen, Liegen, Stehen

Diese drei Positionen werden beim Obedience für viele verschiedene Übungen gebraucht, und auch im Alltag sollte sie jeder Hund beherrschen.

In den meisten Büchern über Hundeausbildung und auch auf den meisten Hundeübungsplätzen werden sie immer noch mit Hilfe von körperlicher Einwirkung gelehrt. Das bringt jedoch verschiedene Schwierigkeiten mit sich, denn oftmals verknüpft der Hund dann nicht nur das Hörzeichen mit der entsprechenden Position, sondern auch eine bestimmte körperliche Berührung (z. B. unsere Hand auf seinem Hinterteil). Meiner Ansicht nach ist dies ein Umweg. Man kann viel schneller viel bessere Ergebnisse erzielen, wenn man auch hier wieder an das Prinzip der positiven Verstärkung denkt: Nur erwünschtes Verhalten wird belohnt.

Die drei Positionen kann man wirklich schon mit jedem Welpen üben. Im Kapitel über die Einführung von Sicht und Hörzeichen ist das Training von „Sitz“ bereits beschrieben. Bei den Positionen „Steh“ und „Platz“ verfahren wir ähnlich. Wir warten einfach ab, bis Ihr Hund sich von allein hinlegt oder -stellt und belohnen ihn dafür.

Hin und wieder treten bei einer oder mehreren Positionen Schwierigkeiten auf, insbesondere das Steh scheint oft Probleme zu bereiten. Teilweise liegt das an der eigenen Körperhaltung: Stehen Sie vor dem Hund und dieser will Sie ansehen, muß er logischerweise den Kopf nach oben bewegen. Dies fällt viel leichter aus

Mit kleinen Hilfen lernt jeder Hund leicht das Sitzen.

Bei vielen Übungen ist es anfangs hilfreich, auf Augenhöhe des Hundes herunterzugehen.

„Steh" für Fortgeschrittene: Briardrüde „Balzak" befolgt das Hörzeichen trotz der (zu Übungszwecken) gestrafften Leine.

einer sitzenden Stellung als aus dem Stand. Experimentieren Sie mit Ihrer eigenen Position: vielleicht setzen Sie sich für die Steh-Übung anfangs auf den Boden, damit Ihr Hund geradeaus gucken kann, wenn er Sie ansieht. Widerstehen Sie der Versuchung, körperlich nachzuhelfen, lassen Sie Ihren Hund selbst die richtige Position herausfinden: wenn er erst einmal begriffen hat, um was es geht, werden Sie eventuelle Anfangsschwierigkeiten schnell hinter sich lassen.

7. „Frei"

„Frei" ist eigentlich keine Übung an sich, aber mindestens genau so wichtig: Mit einem solchen Zeichen nämlich können wir unserem Hund signalisieren, daß eine Übung beendet ist. Stellen Sie sich einmal vor, Sie üben mit Ihrem Hund „Platz-Bleib" unter Ablenkung. Sie hampeln herum, werfen einen Ball in die Luft und fangen ihn wieder auf, rennen auf und ab oder was Ihnen sonst so einfällt. Nun wollen Sie Ihren Hund „entlassen": aber wie?

Vielleicht forden Sie ihn auf, zu Ihnen zu kommen. Okay, das wäre eine Möglichkeit; Sie hätten dann eine Anweisung durch die nächste ersetzt. Aber Sie sollten trotzdem eine Möglichkeit haben, ihm zu sagen, daß er wieder „frei" ist.

Lassen Sie Ihren Hund niemals im Zweifel, sondern machen Sie ihm ganz deutlich, ob eine Übung noch aktuell ist oder beendet, sonst könnte er irgendwann einmal auf die Idee kommen, dies von sich aus zu entscheiden.

Dazu ein noch deutlicheres Beispiel: Sie üben wieder mit Ihrem Hund „Platz-Bleib", diesmal aber im Haus. Plötzlich klingelt das Telefon, das in einem anderen Raum steht.

Sie könnten jetzt einfach ans Telefon gehen, würden aber riskieren, daß Ihr Hund nicht liegenbleibt, während er unbeaufsichtigt ist.

Vielleicht dauert das Gespräch etwas länger, und Ihrem Hund kommen irgendwann Zweifel, ob er nun noch liegenbleiben soll oder nicht.

Vielleicht steht er auf, ohne daß Sie darüber Kontrolle haben. So könnte er lernen, daß er nur liegenbleiben muß, wenn Sie in Sichtweite sind. Schön, wenn Sie dann die Möglichkeit haben, mit einem kurzen Wort wie „Frei", „Okay" oder „Lauf" die Übung zu beenden!

„Frei" – unterstützt von Körpersprache wird dem Hund das Ende der Übung signalisiert.

8. Was braucht man wofür

Übung	*Wird benötigt für:*
Sitz	*Distanzkontrolle, Sitz/Platz/Steh aus der Bewegung, Bleibübung, evtl. Abrufen*
Platz	*Distanzkontrolle, Sitz/Platz/Steh aus der Bewegung, Vorausschicken, Abrufen mit und ohne Zwischenstop*
Steh	*Distanzkontrolle, Sitz/Platz/Steh aus der Bewegung, Vorausschicken, „Richtungsapportieren", Abrufen mit Zwischenstop*
Grundstellung	*Leinenführigkeit und Freifolge, Apportieren, Geruchsunterscheidung, Distanzkontrolle, Bleibübungen, Vorausschicken, Abrufen, Springen über eine Hürde*
Herankommen/Vorsitzen	*Abrufen, Apportieren, Geruchsunterscheidung*
Herankommen/Freifolge	*Vorausschicken*
in gezeigte Richtung laufen	*Vorausschicken, Richtungsapportieren*
Gegenstand tragen/halten	*Apportieren, Geruchsunterscheidung*
Gegenstand auslassen	*Apportieren, Geruchsunterscheidung*
Gegenstand am Geruch erkennen	*Geruchsunterscheidung*
Springen	*Springen/Apportieren über eine Hürde*
„Abwarten"	*Apportieren, Sitz, Platz, Steh aus der Bewegung, Vorausschicken*

Die eigentlichen Obedience -Übungen

Bleibt der Hundeführer stehen, setzt sich der Hund sofort.

1. Bei-Fuss-Gehen mit und ohne Leine

Was wird verlangt?

Eine wichtige Übung im Obedience ist das Bei-Fuß-Gehen. Ob mit oder ohne Leine, der Hund soll stets so neben seinem Hundeführer gehen, daß seine Schulter auf Kniehöhe des Hundeführers bleibt.

Auch bei allen Wendungen (Links- oder Rechtswendungen im rechten Winkel sowie Links- und Rechtskehrtwendungen sind möglich) soll der Hund ohne große „Extra-Bögen" den Bewegungen des Hundeführers folgen.

Bleibt der Hundeführer stehen, setzt sich der Hund gerade neben ihn hin, ohne extra dazu aufgefordert zu werden.

Während der gesamten Übung soll der Hund in keiner Richtung, also weder nach vorn oder hinten noch zur Seite abweichen, außerdem ist ein aufmerksamer Blickkontakt zu seinem Hundeführer erwünscht.

Im Obedience gibt es, anders als in den Begleithunde- und Schutzhundprüfungen, in der Regel kein festes Laufschema, das der Hundeführer auswendig lernen muß und das dann bei allen Prüfungen einer Klasse gleich ist.

Statt dessen gibt der Richter oder ein Ringhelfer während der ganzen Übung Anweisungen, denen der Hundeführer dann folgt.

Wie kann man es üben?

Vorbereitung

Was mancher Leser vielleicht im vorigen Abschnitt überlesen hat, bekommt bei der Ausbildung oberste Priorität: der **Blickkontakt!** Beim Obedience gehört es dazu, daß der Hund seinen Hundeführer aufmerksam ansieht.

In einer Prüfung dürfen wir dem Hund keine großen Hilfen geben, und daher ist es besonders wichtig, daß der Hund aufmerksam auf jede Bewegung ist, die wir machen, damit er beispielsweise rechtzeitig merkt, daß eine Wendung ansteht. Die Aufbauphase, in der wir mit dem Hund erst einmal den Blickkontakt üben (bitte nachlesen in den Grundübungen), können wir selbst auch ganz sinnvoll nutzen, indem wir bestimmte **Bewegungsabläufe** einüben.

Obedience ist Perfektion, und diese zu erreichen ist unsere Aufgabe! Wenn wir also von unserem Hund verlangen, gerade

Die Schulter des Hundes soll sich immer auf Höhe des linken Knies des Hundeführers befinden.

Die Schulter des Hundes soll auf Höhe des linken Knies des Hundeführers sein. Rhodesian Ridgeback-Rüde „Mungo" hält die korrekte Position und ständigen Blickkontakt.

zu gehen und Wendungen akkurat auszuführen, müssen wir dies erst einmal selbst beherrschen. Nichts ist für den Hund verwirrender als ein Hundeführer, der während einer Übung erst einmal überlegen muß, welchen Fuß er denn als nächstes wohin setzt!

Die Schrittfolge

Damit unser Hund möglichst perfekt bei Fuß gehen kann, können wir ihm eine große Hilfe dadurch geben, daß wir bestimmte Dinge wie etwa Losgehen, Wendungen oder Anhalten immer auf ein und dieselbe Weise tun, das heißt beispielsweise, immer mit einem bestimmten Fuß zuerst loszugehen.

Im Prinzip ist es gleichgültig, welcher Fuß dies ist – wichtig ist nur, daß man sich für einen entscheidet und dann **immer** diesen Fuß als ersten bewegt.

Hunde achten sehr genau auf Körpersprache, und schon bald wird der Hund merken, was es bedeutet, wenn wir eine

Auch Gehen will gelernt sein: Zunächst einmal ohne Hunde üben die Hundeführer die Beinarbeit.

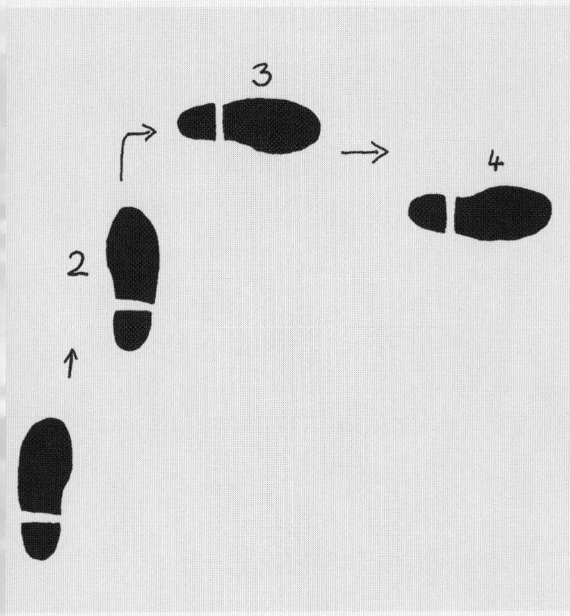

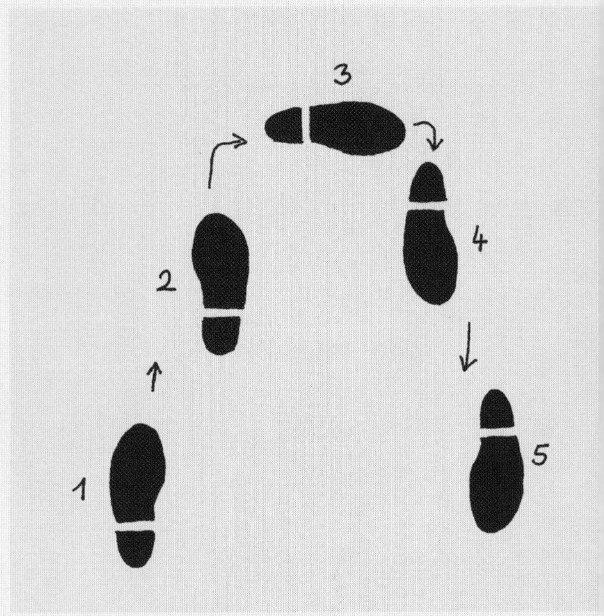

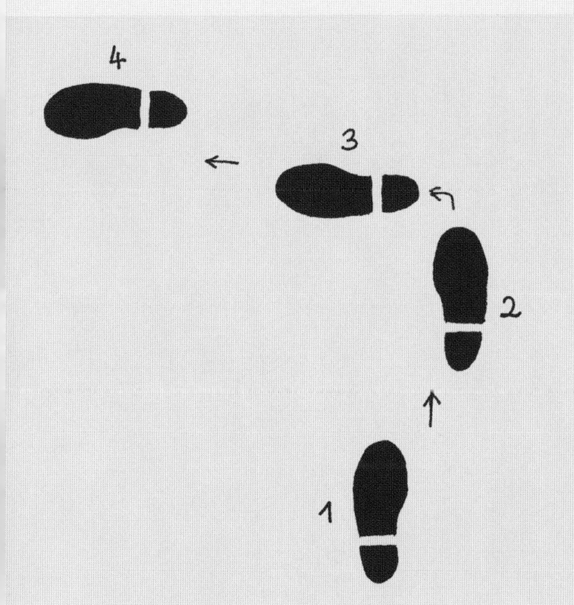

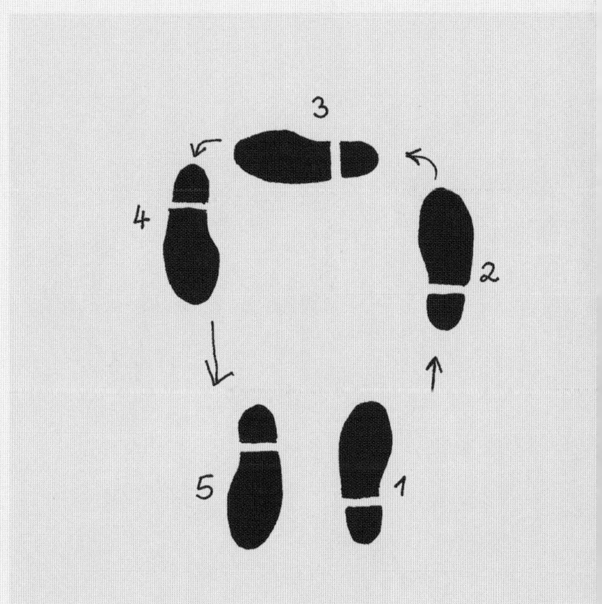

bestimmte Körperhaltung einnehmen oder eine Bewegung machen. Besonders deutlich wird dies bei den Wendungen in der Bei-Fuß-Arbeit. Als kleine Hilfe ist hier einmal aufgezeichnet, wie man die Füße in den Wendungen setzen kann. Dies ist keine verbindliche Vorschrift, sondern nur ein Beispiel für eine mögliche Beinarbeit.

Bei der Grundstellung fängt es an. Die Hundeführerin hat allen Grund, zu lächeln: Ihr Berner Sennenhund sitzt perfekt!

Bei einem großen Hund sind Fehler auch besonders deutlich zu sehen, z.B. eine schiefe Grundstellung. Deshalb sollte man von Anfang an auf korrekte Haltung achten. Leonberger „Hogan" sitzt schön gerade.

Die Praxis

Wir haben also unseren Hund an der Leine, er ist fröhlich, wir sind es auch, und nun führen wir ihn sanft in die Grundstellung, das ist der Platz an unserem linken Knie, an dem er während der ganzen Übung bleiben soll.

Um nicht unnötig am Hund herumzumanipulieren, ist es für den Anfang sogar noch einfacher, wenn wir uns neben den Hund stellen. Wenn er da ist, wo wir ihn haben wollen, können wir unser Schlüsselwort „Guck" zu Hilfe nehmen, um Blickkontakt herzustellen. Ist der Hund auf gleicher Höhe mit uns und steht oder sitzt gerade parallel neben uns, dann geben wir unser Schlüsselwort „Fuß" und belohnen ihn sofort. Bei diesem Training ist es ganz wichtig, daß wir auch ein Auflösungswort, wie „Frei", zur Verfügung haben, mit dem wir unserem Hund unmißverständlich sagen können „Übung beendet".

Die Engländer sagen z. B. „That'll do" (in Norddeutschland häufig mit „Daddeldu" übersetzt). Nach und nach verlangen wir auf unser neues Schlüsselwort „Fuß", daß sich der Hund neben uns setzt.

Wir sollten gleich von Anfang an darauf achten, daß er gerade in Laufrichtung sitzt. Manche Hunde neigen dazu, sich in einem leichten Winkel mit dem Hinterteil nach außen zu setzen; hier kann es hilfreich sein, anfangs ein Hindernis, wie einen Zaun oder eine Mauer, als Begrenzung zu benutzen, damit der Hund gar keine andere Möglichkeit hat, als sich gerade zu setzen. Nun können wir auch die ersten Schritte wagen, zunächst einmal geradeaus. Für den Anfang reichen ein oder zwei Schritte – bleibt der Hund dabei in der richtigen Position, belohnen wir ihn mit einem gemeinsamen Spiel und beenden die Übung. Arbeiten wir uns auf diese Weise buchstäblich Schritt für Schritt weiter vor, können sich Fehler erst gar nicht einschleichen.

Während der ganzen Zeit achten wir auch weiterhin auf den Blickkontakt; dieser wird zum festen Bestandteil der Übung. Hat der Hund Schwierigkeiten, sich auf uns zu konzentrieren, sind wir vielleicht zu schnell zu weit vorangegangen. Beim nächsten Mal sollten wir dann lieber wieder ein paar Schritte weniger machen, damit wir die Übung mit einem Erfolgserlebnis abschließen können.

Wichtig ist es, daß wir unsere Belohnungen sinnvoll einsetzen. Wenn unser Ziel beispielsweise fünf Schritte geradeaus ist, der Hund aber schon nach drei Schritten den Blickkontakt aufgibt, sollten wir keinesfalls locken, um die Aufmerksamkeit wiederzubekommen. Dieses Locken könnte er nämlich allzu leicht als Belohnung für sein Weggucken auffassen, und dies in Zukunft öfter tun. In einer solchen Situati on brechen Sie die Übung ohne großes Aufheben ab und beginnen Sie noch einmal von vorn. Lassen Sie keinen Zweifel daran, daß Ihr Hund zwar die Chance hat, sich eine Belohnung zu verdienen, letztere aber nur bekommt, wenn er sich an Ihre Spielregeln hält!

Wendungen:

Nicht umsonst haben wir alleine geübt, wie wir die einzelnen Wendungen gehen. Mit unserem Hund üben wir sie zunächst einmal in Zeitlupe. Dadurch bekommt der Hund Gelegenheit, genau zu lernen, was wir von ihm wollen und wird nicht einfach überrumpelt.

Wir lassen unseren angeleinten Hund erst einmal links neben uns sitzen. Für die **Linkswendung** stellen wir uns nun quer vor den Hund, unsere linke Seite ist ihm zugewandt, so daß er genau auf unser linkes Bein blickt.

Dann machen wir gleichzeitig mit dem rechten Fuß einen Schritt rückwärts und locken mit unserer linken Hand den Hund

Linkswendung:

1) Der Hundeführer stellt sich quer vor den sitzenden Hund, so daß dieser auf das linke Bein des Hundeführers blickt.

2) Der Hundeführer setzt gleichzeitig den rechten Fuß rückwärts und lockt mit der linken Hand den Hund, ihm zu folgen.

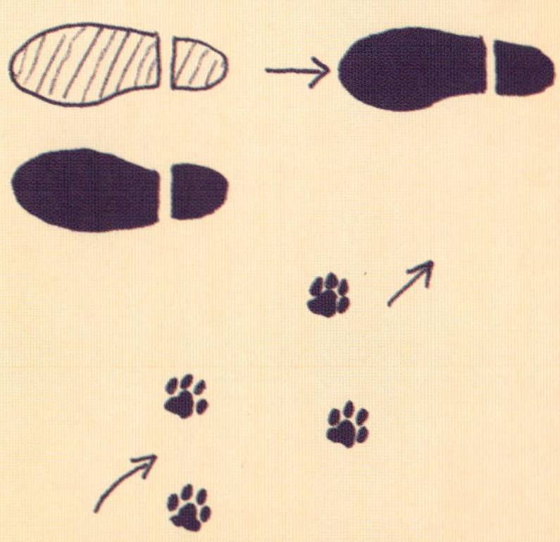

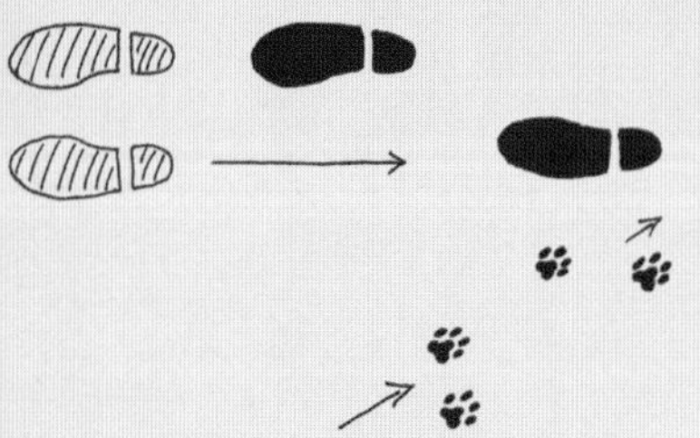

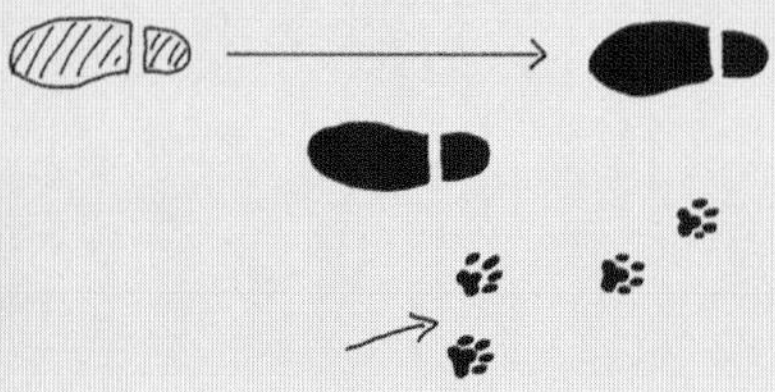

3) und 4)
Wenn nötig, wird weiter rückwärts gegangen, bis der Hund auf Höhe des linken Beins ist. Diese Schritte können beliebig oft wiederholt werden.

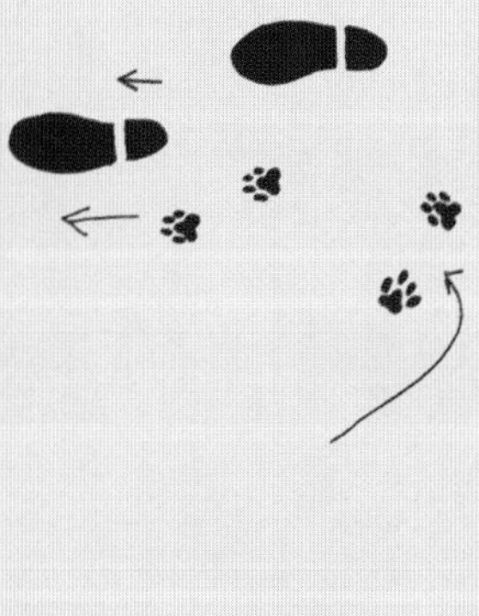

5)
Ist der Hund auf Höhe des linken Beins angekommen, geht der Hundeführer wieder vorwärts und führt den Hund mit einer bogenförmigen Bewegung der linken Hand um die Kurve.

mit uns mit. Folgt er nicht sofort, gehen wir einfach weiter rückwärts. Dabei sollte die linke Hand in einigem Abstand zum Körper gehalten werden, damit der Hund nicht (wie zum Vorsitzen etwa) direkt vor unserem Körper läuft, sondern an unserer linken Seite.

Ist er etwa auf unserer Höhe, gehen wir wieder vorwärts statt rückwärts und führen den Hund dabei mit einer bogenförmigen Bewegung des linken Arms (von außen nach innen) in die Bei-Fuß-Position. Nach ein, zwei weiteren Schritten beenden wir die Übung mit viel Lob und Spiel. Durch diese Methode lernt der Hund, seine hintere Körperhälfte zu kontrollieren.

Die **Rechtswendung** üben wir wie folgt: Wieder sitzt der angeleinte Hund an unserer linken Seite, und wir gehen vorwärts bis ans Ende der Leine. Dann machen wir mit dem linken Fuß einen Schritt zurück, lassen wieder unsere linke Hand zurück in Richtung Hund gehen und machen dann mit dem linken Fuß einen Schritt nach vorn, um ihn quer vor den rechten Fuß zu setzen (siehe Fußschema). Den Hund locken wir dabei mit Hilfe unserer linken Hand (vielleicht mit einem Leckerchen darin) mit, so daß er uns eng „um die Ecke" folgt.

Es folgen noch ein, zwei Schritte geradeaus, anschließend Lob und Spiel. Wenn diese Bewegungen flüssig ablaufen, können wir wieder unser Schlüsselwort „Fuß" einführen. Wir tun dies bewußt erst jetzt, um zu vermeiden, daß der Hund etwas Falsches damit verknüpft. Haben wir nun die Übungen einmal aus dem Stand gelernt, können wir sie allmählich auch aus der Bewegung einführen.

Rechtswendung

1) Der Hund sitzt, der Hundeführer steht einen Schritt vor dem Hund.

2) Der Hundeführer macht mit dem linken Fuß einen Schritt zurück zum Hund; der rechte Fuß bleibt stehen.

3) Nun wird der linke Fuß nach rechts um die Ecke gesetzt, der Hund steht auf und folgt eng am Bein um die Kurve: die Rechtswendung ist vollbracht!

Die **Kehrtwendungen** sind eigentlich nur eine Erweiterung der einfachen Wendungen. Wenn nicht anders angegeben, ist in den Prüfungen mit einer Kehrtwendung immer eine Rechtskehrtwendung gemeint; die Linkskehrtwendung kommt erst in den höheren Klassen. Hierbei geht der Hund – abweichend von den hier bekannten Hundesportarten – nicht hinten um den Hundeführer herum, sondern bleibt innen an dessen linker Seite.

Tips

Beim Üben sollten wir darauf achten, das Ganze immer wieder neu und abwechslungsreich zu gestalten. Man kann sich beispielsweise ein paar kleine Markierungen, Hindernisse, Kegel, Pfosten, Reifen oder ähnliches aufstellen und mit dem Hund darum herumkurven. Man kann Achten und Schlangenlinien gehen, Seitwärtsschritte machen oder den Hund sonstwie überraschen. Der Sinn des Ganzen ist einfach nur, keine Langeweile aufkommen zu lassen.

Vor jeder Übung ist es wichtig, erst einmal Kontakt zum Hund aufzunehmen. „Bist du bereit, Pelle?“

Bei-Fuß-Gehen unter erschwerten Bedingungen: In der Hand, die die Leine hält, wird ein Ball auf einem Löffel balanciert, gemeinsam geht man dann im Slalom um die Stangen herum. Der Mensch lernt, gleichmäßig zu gehen und nicht den Hund anzugucken, der Hund lernt, zu folgen, auch wenn er nicht die volle Aufmerksamkeit des Hundeführers hat. Eine sehr nützliche Übung!

Um dem Hund ein präzises Bei-Fuß-Gehen zu erleichtern, sollten wir versuchen, unsere Schritte denen unseres Hundes anzupassen. Als Faustregel hierbei gilt: Großer Hund, große Schritte – kleiner Hund, kleine Schritte!

Außerdem ist es wichtig, auf unsere Körperhaltung zu achten. Gerade gehen und dabei den Körper aufrecht halten. Besonders bei kleineren Hunden neigt man leicht dazu, sich zum Hund hinüberzubeugen. In einer Prüfung wird man dafür aber mit Punktabzug bedacht. Wir müssen also auch im Training auf unsere Haltung achten, damit nicht unser Hund, wenn wir mit ihm an einer Prüfung teilnehmen, plötzlich ein ganz anderes Bild von uns bekommt und von unserer ungewohnt steifen Haltung vielleicht verunsichert wird.

Häufige Fehler

Auch hier sind es selten die Hunde, die die Fehler machen, sondern meist die Menschen! Wenn bestimmte Dinge also nicht so klappen, wie wir es uns wünschen, sollten wir zunächst einmal überlegen, wo die Ursache liegt. Oft kann sie mit ein wenig Nachdenken schon gefunden werden.

Bisweilen wird man aber beim eigenen Hund sozusagen „betriebsblind“. Dann kann vielleicht ein befreundeter Hundeführer helfen.

Häufig zu beobachten ist z. B. eine schiefe Grundstellung. Das bedeutet, der Hund sitzt nicht gerade, sondern schräg neben seinem Hundeführer. Statt nun immer wieder den Hund zu korrigieren, sollte sich dieser überlegen, warum der Hund nicht gerade sitzt.

Hat er vielleicht die Übung noch gar nicht verstanden? Oder hat der Hundeführer dem Hund beim Anhalten das Hörzeichen „Sitz“ gegeben? Ist dies der Fall, dann hat der arme Hund eigentlich nur genau das getan, was er sollte, nämlich sich hingesetzt, wo er gerade war, und ist vielleicht durch eine Bodenunebenheit ein bißchen aus der Bahn geraten. Ein anderes Beispiel: Der Hundeführer geht natürlich mit seinem Hund nicht nur auf den Übungsplatz, sondern auch spazieren, und an manchen Orten ist der Hund dabei angeleint. Da der Hund dabei nicht an der Leine ziehen soll, bekommt er das Hörzeichen „Fuß". Kommt der Hund daraufhin in die korrekte Position und schaut seinen Menschen erwartungsvoll an, ist dieser gerade mit dem Betrachten der Auslagen im Schaufenster beschäftigt oder in eine Unterhaltung vertieft. Seinen Hund hat er längst wieder vergessen – er zerrt ja auch nicht störend an der Leine. Für den Hund kann diese Nichtbeachtung aber eine ernsthafte Strafe bedeuten!

So einfach kann es sein, durch Gedankenlosigkeit eine eigentlich schon beherrschte Übung wieder kaputtzumachen. Besser wäre es hier, für das Gehen an lockerer Leine ein zweites Hörzeichen (z. B. „Nicht ziehen") einzuführen.

Ein paar Anmerkungen zum Gebrauch der Leine

Generationen von Hunden wurde (und wird immer noch) mit der Methode des Leinenrucks das Bei Fuß Gehen beigebracht. Das Verzwickte daran ist, daß ein kräftiger Leinenruck meistens tatsächlich den gewünschten Effekt zeigt: Der Hund hört auf zu ziehen. Dies tut er aber nicht etwa, weil er gelernt hat, was das Hörzeichen „Fuß" bedeutet, sondern einfach nur, weil er gerade erfahren hat, daß es unangenehm werden kann, wenn er an der Leine zieht.

Das vermeintliche „Bei-Fuß-Gehen" nach einem Leinenruck ist nichts weiter als ein Meideverhalten – der Hund traut sich im Moment nicht, etwas anderes zu tun. Er lernt vielleicht durch Leinenrucke, was er nicht tun soll. Was aber genau er tun soll, kann er so nicht lernen.

Die Verhaltensforschung hat inzwischen bewiesen, daß ein Lernprozeß auf anderer Ebene – nämlich auf der Basis der positiven Verstärkung (erwünschtes Verhalten wird belohnt, unerwünschtes ignoriert) – sehr viel effektiver stattfindet, und moderne Hundeausbilder haben sich diese Kenntnisse auch schon längst zunutze gemacht und erzielen damit spektakuläre Ergebnisse. Und ist es nicht einfach viel schöner, wenn der Hund neben seinem Menschen gehen will, als wenn er dies nur aus Angst vor dem nächsten Leinenruck tut? Glücklicherweise gibt es in vielen Obedience-Prüfungsordnungen ein Punkt-

Eine sinnvolle Verwendungsmöglichkeit für Kettenwürger.

schema, nach dem auch Punkte für das Zusammenspiel zwischen Mensch und Hund vergeben werden. Ein Hund, der mit gesenkter Rute neben seinem Hundeführer herschleicht, wird sicher nicht die volle Punktzahl in dieser Kategorie erreichen können. Vielleicht wird es auf diese Art endlich gelingen, die letzten „Dinosaurier“ zum Umdenken zu bewegen!

2. Sitzen- und Liegenbleiben

Was wird verlangt?

Im Obedience gibt es zwei Bleib-Übungen für die teilnehmenden Hunde, die jeweils für alle Hunde einer Klasse gemeinsam – also in der Gruppe – durchgeführt werden.

In der nach FCI-Reglement obersten Klasse sind dies eine Sitz-Bleib-Übung über zwei Minuten sowie eine Platz-Bleib-Übung über vier Minuten. Nachdem sie ihre Hunde in Position gebracht haben, verlassen alle Hundeführer gleichzeitig die Hunde und gehen außer deren Sichtweite. Die Hunde sitzen bzw. liegen dabei in einem Abstand von etwa drei Metern zueinander (in vielen Ländern ist dieser Abstand angesichts großer Klassen allerdings deutlich geringer). Während der Platz-Bleib-Übung erfolgen zusätzliche Ablenkungen, z. B. eine Person, die zwischen den Hunden hindurch Schlangenlinien geht.

Volle Punktzahl gibt es nur für die Hunde, die ohne zu winseln oder zu kriechen ihre Position die ganze Zeit über beibehalten. Am Ende der Übung kehren die Hundeführer zu den Hunden zurück und stellen sich einige Meter hinter diesen auf. Auf weitere Anweisung des Richters gehen sie dann wieder zu ihren Hunden und beenden die Übung in der Grundstellung.

Eine Obedienceprüfung in England. In einer Anfängerklasse wird die Sitz-Bleib-Übung beendet. Die Hundeführer sind auf dem Weg zurück zu ihren Hunden.

Wie kann man es üben?

Vorbereitung

Die Grundvoraussetzung für diese Übung ist natürlich, daß der Hund bereits die Hörzeichen für Sitz und Platz kennt und sie sicher befolgt. Erst dann kann man vorsichtig damit beginnen, den Hund daran zu gewöhnen, diese Positionen auch beizubehalten, wenn wir nicht bei ihm sind. Es wird ihm anfangs sehr wahrscheinlich schwerfallen – der beste Platz ist nun mal an Herrchens/Frauchens Seite.

Also ist es sehr wichtig, unserem Hund ganz gründlich gerade die ersten Schritte dieser Übung beizubringen. Unser Hauptaugenmerk sollte darauf gerichtet sein, wie man dem Hund die Position, in der er sich gerade befindet, so angenehm wie möglich machen kann. Hier kommt wieder die Motivation ins Spiel, allerdings ist es gerade für solche „statischen" Übungen besser, nicht unbedingt ein Spielzeug zu verwenden. Es weckt leicht den Beutetrieb und macht es dem Hund unnötig schwer, still zu sitzen oder zu liegen. Empfehlenswert ist es, solche Übungen erst zu machen, nachdem der Hund Gelegenheit hatte, etwas „Dampf abzulassen".

Das wichtigste für den Hundeführer ist, daß die Stimme **immer** freundlich bleibt. Es ist wirklich oft zu beobachten, daß mit wachsender Entfernung zwischen Hund und Hundeführer der Tonfall immer drohender wird. Bleib – Bleib! – BLEIB!!!

Vielleicht rührt das von mangelndem Vertrauen in den Hund; sicher ist aber, daß der sich immer unwohler fühlt, je lauter und drohender der Tonfall wird, und die Wahrscheinlichkeit, daß er seine Position verläßt, wird immer größer statt geringer. Wenn wir diese Übung sorgfältig aufbauen, wird sie später wenig Schwierigkeiten bereiten; hat der Hund erst einmal Vertrauen entwickelt, ist es bald unerheblich, ob wir nur einige Sekunden oder viele Minuten lang außer Sicht sind.

Alles was der Hund lernen muß ist, daß er die Position beibehalten soll: ganz egal, was um ihn herum passiert oder welche „Geruchs-Nachrichten" vielleicht der Boden bereithält.

Die Praxis

Mit dem Hund an der Leine und ein paar Leckerchen kann es losgehen. Die im folgenden Text beschriebene Vorgehensweise kann man sinngemäß sowohl für das Sitzen als auch für das Liegen anwenden.

Dieser Border Collie hat gelernt, auf ein Hörzeichen liegenzubleiben, egal, was passiert. Mit wachsender Begeisterung behält er die liegende Position, auch wenn Herrchen an der Leine zieht.

Dieser Border Collie und sein Besitzer machen ein Spiel aus der Platz Bleib Übung: Bleibt er liegen, gewinnt der Hund, steht er auf, bevor er das Signal dafür bekommt, hat er verloren.

Wir bringen den Hund nun in Position und fangen vorsichtig an, uns selbst zu bewegen.

Als erstes kann man z. B. sich einfach nur vom Hund weglehnen. Läßt er sich dadurch nicht verunsichern und behält seine Position sicher bei, kann man als nächste Stufe beispielsweise einen Schritt seitlich vom Hund weg machen. Loben nicht vergessen! Nach diesem Schema

Kerry Blue Terrier-Hündin „Zurana" hat begriffen: Das Hörzeichen „Sitz" gilt so lange, bis Frauchen etwas anderes sagt. Auch wenn an der Leine gezupft wird. Das nennt man „Aktives Sitzen".

kann man allmählich die Entfernung, die man vom Hund hat, und auch die Zeitspanne immer ein bißchen vergrößern.

Die nächste Schwierigkeitsstufe nie beginnen, wenn der Hund noch nicht hundertprozentig sicher ist! Versucht der Hund zu irgendeinem Zeitpunkt, seine Position zu verlassen, sind wir darauf gefaßt und helfen ihm rasch, seine Position beizubehalten.

Dazu ist es natürlich wichtig, den Hund die ganze Zeit über gut zu beobachten und auch kleinste Regungen rechtzeitig zu deuten. Wirken wir nämlich erst ein, wenn der Hund bereits aufgestanden ist, ist es zu spät.

Es gibt viele Hunde, die daraus eine Art „Spielchen" machen und dauernd aufstehen, weil sie wissen, daß dann ihr Hundeführer wieder zu ihnen zurückkommt, um sie in Position zu bringen. Das ist natürlich nicht der Lerneffekt, den wir haben wollen. Also: erst gar keine Fehler zulassen! In ganz kleinen Schritten auf das Übungsziel hinarbeiten!

Wenn wir den Eindruck haben, unser Hund versteht, was wir von ihm wollen, können wir anfangen, zusätzliche Schwierigkeiten in diese Übung einzubauen (beim Weggehen vom Hund husten, die Leine fallenlassen, o. ä.).

Vorbereitung auf die Prüfung: Sitzenbleiben in der Hundegruppe.

Sitzenbleiben unter erschwerten Bedingungen: Systematisch werden Ablenkungen eingebaut wie Drehen, Husten oder Schnürsenkel-Zubinden.

Auch eine Ablenkung, die geübt werden kann: Die Hundeführer unterhalten sich, während die Hunde liegen.

Eine sehr gute Übung, um dem Hund ein „aktives Sitzen (bzw. Liegen)“ beizubringen ist es auch, ein Leckerchen direkt vor den Hund auf den Boden zu legen.

Anfangs wird er natürlich sofort versuchen, es sich zu nehmen, woran wir ihn mit Hilfe der Leine aber hindern. Auch hier sind strenge Worte überflüssig: wir kön-

Beaglehündin „Asta“ sieht zu, wie ihre Besitzerin ein Leckerli auf den Boden legt. Anfangs wird noch geschnuppert, dann aber doch zu Frauchen hochgeschaut – das ist eine Belohnung wert!

So lernt der Hund das Sitzenbleiben, während sein Mensch außer Sicht ist: „Cookie“ bekommt noch einmal ein klares Handzeichen, dann entfernt sich ihr Frauchen in Richtung Siloballen, um – anfangs nur für eine Sekunde – dahinter zu verschwinden.

nen auch ohne diese dafür sorgen, daß der Hund das Leckerchen nicht bekommt. Wenn wir beispielsweise schnell einen Fuß darauf stellen. Sinn der Übung ist es, daß der Hund nicht das Leckerchen hypnotisiert oder am Boden herumschnuppert, sondern uns aufmerksam ansieht und seine Position beibehält.

Anfangs müssen wir vielleicht einen Augenblick darauf warten, daß unser Hund uns ansieht, und sobald er dies tut, belohnen wir ihn sofort mit einem Leckerchen aus der Hand. Der Hund soll lernen: „Egal, was am Boden liegt (oder riecht), ich werde dafür belohnt, es **nicht** zu beachten“. Probieren Sie es einmal aus, es klappt erstaunlich schnell!

Wenn wir nun einige Zeit an wachsender Entfernung zwischen uns und dem Hund gearbeitet haben und auch die Zeitspanne immer länger werden kann, ist es an der Zeit, außer Sicht zu gehen. Dies fangen wir wieder ganz vorsichtig an. Günstig dazu sind z. B. Bäume oder andere Perso-

Tips:
Wie immer ist es natürlich auch hier wichtig, die Übung abwechslungsreich zu gestalten. Der Phantasie sind keine Grenzen gesetzt: man kann die Umgebung variieren, andere Hunde dazugesellen, stolpern, husten, niesen, um den Hund herumgehen, hüpfen, sich mit jemandem unterhalten, die Leine aushaken oder einhaken und so fort.
Auch die Zeitspanne ist wichtig. Der Hund darf sich nicht „ausrechnen“ können, wann die Übung beendet ist.

Auch wenn der Hundeführer zum Hund zurückkehrt, soll dieser liegenbleiben.

nen, hinter denen wir durchgehen können. So sind wir anfangs nur ganz kurz nicht zu sehen und tauchen sofort wieder auf. Bleibt unser Hund sicher, können wir allmählich auch diese Zeitspanne wieder verlängern. So wird unser Hund bald die Bleibübungen sicher beherrschen.

Häufige Fehler:

Wie schon anfangs erwähnt, machen viele Hundeführer den Fehler, mit wachsender Entfernung vom Hund in ihrem Ton immer drohender zu werden. Dies verunsichert den Hund nur, und die Wahrscheinlichkeit, daß er seine Position verläßt, steigt. Mit wachsender Sicherheit gehen viele Hundeführer dann dazu über, den Hund immer über die maximal in der Prüfung verlangte Zeitspanne abzulegen oder -setzen. Das kann leicht zur Folge haben, daß er sich nicht mehr auf seine Aufgabe konzentriert, sondern am Boden herumschnuppert oder sich anderweitig die Zeit vertreibt, bis sein Zeitgefühl ihm sagt, daß die Übung jetzt gleich beendet ist. Dann wird er die letzten Sekunden wieder aufmerksam warten, bis Herrchen/Frauchen mit der Belohnung kommt.

Der wohl schlimmste Fehler, den man machen kann, ist es, zu schnell in der Ausbildung voranzuschreiten. Vielleicht läßt man sich durch andere Hundeführer dazu verleiten, mit diesen zu wetteifern, oder man wird vom eigenen Ehrgeiz überrumpelt. In jedem Fall riskiert man so, daß der Hund anfängt, Fehler zu machen. Doch das müssen wir unbedingt verhindern, damit der Hund nicht etwas ganz anderes lernt als er soll (etwa: „Immer, wenn ich aufstehe, kommt Herrchen zurück“).

Der gleiche Effekt entsteht auch leicht unbeabsichtigt, wenn man den Hund unbeaufsichtigt läßt: Wir binden den Hund an einem Pfosten an, sagen ihm „Platz“ und gehen weg. Sind wir außer Sicht, steht der Hund auf. Kommen wir dann zu ihm zurück, können wir nichts mehr ändern an der Tatsache, daß der Hund nicht mehr liegt. Dieser aber könnte unser Zurückkommen als Reaktion auf sein Aufstehen auffassen – ein schöner Trick, den er vielleicht bei passender Gelegenheit gleich noch einmal probiert. Diese Situation hätten wir ganz leicht vermeiden können, indem wir statt „Platz“ ein einfaches „Bleib“ oder „Warte“ gesagt hätten. Schließlich kann es uns doch egal sein, in welcher Position der Hund wartet.

Also: Nicht nur in der Übungsstunde, sondern immer und überall daran denken, wie wir mit unserem Verhalten die Ausbildung unseres Hundes beeinflussen. Unser Hund lernt schließlich ständig – nicht nur in der Übungsstunde!

Leonberger-Rüde „Hogan“ wartet, während seine Apportierhantel geworfen wird.

Freudig kommt „Hogan“ mit der Apportierhantel zurück.

3. Apportieren

Was wird verlangt?

In der Apportierübung soll der Hund einen Gegenstand, der in einem gewissen Abstand zu ihm und seinem Hundeführer auf dem Boden liegt, holen. Dazu soll er flotten Schrittes direkt zu diesem Gegenstand laufen, ihn vom Boden aufnehmen und, ohne darauf herumzukauen oder ihn zu schütteln, den Gegenstand zum Hundeführer bringen. Dort soll sich der Hund setzen und warten, bis der Hundeführer ihm den Gegenstand abnimmt.

Dieses eben beschriebene „Grundgerüst“ ist überall gleich; abhängig vom jeweiligen Reglement gibt es aber verschiedene Ausführungsformen. In den skandinavischen Ländern ist es beispielsweise üblich, daß der Hund direkt in die Grundstellung kommt (ohne vorzusitzen).

Nach einigen Prüfungsordnungen wird der Apportiergegenstand vom Hundeführer geworfen, nach anderen wiederum vom Richter ausgelegt. In den oberen Klassen kann der Gegenstand übrigens alles mögliche sein, vom Stofftier bis zum Paket Taschentücher, das ist dem Richter überlassen.

In der höchsten Stufe nach F.C.I.-Reglement legt der Richter gar drei Apportierhölzer aus; die Aufgabe ist es dann, den Hund je nach Anweisung des Richters das linke bzw. das rechte Holz apportieren zu lassen.

Wie kann man es üben?

Die wichtigsten Dinge, die der Hund für diese Übung können muß, sind:

- einen Gegenstand auf ein Hörzeichen hin **nehmen**;
- den Gegenstand ruhig im Fang **halten** (er sollte dabei nicht zu weit hinten im Fang liegen, richtig liegt er direkt hinter den Fangzähnen);
- den Gegenstand auf ein Hörzeichen **hergeben**;
- **(in der Grundstellung) warten**, bis der Hundeführer das Hörzeichen zum Apportieren gibt;
- **gerade** auf den Hundeführer zulaufen und sich gerade vor ihn **setzen**;
- vom Vorsitzen **in die korrekte Grundstellung („bei Fuß") kommen**.

Da kommt schon eine ganze Menge zusammen, und dementsprechend gründlich sollte auch unsere Ausbildung sein.

Einiges davon kann man ganz nebenbei auch auf dem täglichen Spaziergang üben, beispielsweise das Warten. Wenn Ihr Hund zu denjenigen gehört, die gern einem geworfenen Ball oder Spielzeug nachlaufen, können Sie das Warten ganz einfach in die tägliche „Spielstunde" mit einbauen. Lassen Sie Ihren Hund sitzen, bevor Sie etwas werfen und halten Sie ihn sicherheitshalber fest. Versucht er aufzustehen, erinnern Sie ihn freundlich daran, daß er sitzen soll.

Achten Sie darauf, daß Ihr Tonfall nicht mahnend oder drohend klingt – das würde die Spannung im Hund nur noch vergrößern. Warten Sie ein wenig ab, bis Sie merken, daß der Hund sich etwas entspannt. Dann lassen Sie ihn los und geben ihm zu erkennen, daß er jetzt laufen darf. Dazu eignet sich das Wort, das Sie auch sonst benutzen, um dem Hund zu sagen, daß die Übung jetzt beendet ist („okay", „frei" oder ähnliches).

Auch bei anderen Übungen kann man dieses Abwarten gut einbauen. Wenn Sie z. B. mit Ihrem Hund das Bei-Fuß-Gehen üben, werfen Sie im Gehen einfach sein Spielzeug zur Seite. Wahrscheinlich wird er versuchen, hinterherzurennen. Erinnern Sie ihn daran, daß er gerade bei Fuß gehen soll (auch hier bitte freundlich!) und warten Sie, bis er Ihnen wieder seine volle Aufmerksamkeit schenkt und korrekt neben Ihnen geht. Als Belohnung geben Sie ihn dann frei und lassen ihn zu seinem Spielzeug laufen.

Wenn Sie dieses Abwarten regelmäßig üben, sollte dies bald keine Schwierigkeit mehr darstellen.

Der „Kernteil" des Apportierens besteht natürlich aus dem Aufnehmen und Tragen des Gegenstands. In der Regel handelt es sich dabei um ein Bringholz, das eine dem Hund angepaßte Größe hat. Wenn man dem Hund aber gerade erst diese Übung beibringt, kann man auch etwas Weicheres benutzen, vielleicht ein Spielzeug.

Wichtig ist, daß er überhaupt erst einmal lernt, etwas auf ein Hörzeichen (z. B. „Bring" oder „Apport") zu nehmen und es auch auf ein anderes Hörzeichen wieder herzugeben (z. B. „Gib" oder „Aus").

Bei den meisten Hunden bereitet es keine großen Schwierigkeiten, sie dazu zu bewegen, einen Gegenstand zu nehmen. Es genügt, ein wenig damit herumzuwedeln, um das Interesse des Hundes zu wecken. Versucht dieser nun, die „Beute" zu greifen, läßt man ihn das tun – der erste Schritt ist erreicht: der Hund hält den Gegenstand. Wir zeigen ihm, daß dies genau das ist, was er tun soll. Loben ist angesagt!

Die Leine ist hier ein wichtiges Hilfsmittel. Sie verhindert, daß der Hund sich einfach mitsamt seiner Beute aus dem Staub macht.

Anfangs sollten wir den Gegenstand schnell wieder in unseren Besitz bringen, bevor der Hund Zeit hat, ihn von sich aus fallenzulassen oder darauf herumzukauen. Die Zeitspanne vom Nehmen des Gegenstands bis zum Wiederhergeben kann durchaus kürzer sein als eine Sekunde. Gutes Timing ist also wieder einmal ganz wichtig. Dies gilt auch besonders für das Loben: wir müssen aufpassen, daß wir nur dann loben, wenn der Hund den Gegenstand hält. Sobald wir ihm diesen wieder abnehmen, muß auch unser Lob aufhören, sonst könnte der Hund denken, das Hergeben der Beute werde gelobt. Wahrscheinlich hätten wir dann in Zukunft Schwierigkeiten, den Hund zum Festhalten zu bewegen...

Wenn dieser Schritt problemlos klappt, können wir allmählich die Zeit steigern, die der Hund den Gegenstand trägt (noch immer bekommt er diesen aus unserer Hand, noch immer ist er dabei angeleint). Jetzt ist es auch an der Zeit, die Hörzeichen einzuführen: Kurz bevor der Hund den Gegenstand nimmt, sagen wir „Bring" oder etwas ähnliches, wenn wir ihm diesen wieder abnehmen, „Aus" o. ä.

In den nächsten Übungsschritten wird der Gegenstand immer tiefer gehalten und schließlich auf den Boden gelegt, bevor der Hund ihn nimmt. Erst wenn er sich daran gewöhnt hat, können wir anfangen, den Gegenstand zu werfen. Auch müssen wir anfangen, den Hund daran zu gewöhnen, mit dem Gegenstand auf uns zuzulaufen. Anfangs können wir dazu mit angeleintem Hund rückwärts gehen, während er den Gegenstand trägt. Erst allmählich soll er dann auch mit dem Gegenstand vorsitzen, ohne ihn fallenzulassen.

Haben wir bisher ein Spielzeug oder einen Dummy benutzt, sollten wir jetzt alle Schritte noch einmal mit einem Apportierholz durchlaufen, um sicherzugehen, daß der Hund die Übung mit unterschiedlichen Gegenständen zuverlässig ausführt. Bereitet das Holen und Tragen dem Hund keine Schwierigkeiten mehr,

Der Hund soll auch andere Gegenstände apportieren lernen. „Pelle" sitzt mit einem Hölzchen für die Geruchsunterscheidung vor.

fangen wir an, das Bringholz zu werfen, während der Hund in der Grundstellung neben uns sitzt. Wenn all dies sicher klappt, üben wir alles auch ohne Leine.

Auftretende Schwierigkeiten:

Der Hund interessiert sich nicht für den Gegenstand:

Manchmal ist die Ursache einfach, daß wir ihn dem Hund regelrecht aufdrängen. Versuchen Sie, so zu tun, als hätten Sie etwas besonders Tolles, das der Hund auf keinen Fall haben oder auch nur sehen soll. Drehen Sie sich schnell damit weg, wenn er zu Ihnen sieht oder bitten Sie jemanden, Ihnen den Gegenstand aus der Hand zu reißen und damit wegzulaufen. Hilft alles nicht, können Sie die gesamte Apportierübung auch durch „Shaping" aufbauen, und jede kleinste Annäherung an ein erwünschtes Verhalten belohnen. Konkret in diesem Falle also beispielsweise folgender Ablauf: Hund geht in Richtung Bringholz – Belohnung. Hund schnuppert an Bringholz – Belohnung. Hund öffnet den Fang über dem Bringholz – Belohnung usw. Für diese Methode eignet sich übrigens ganz hervorragend das Clickertraining.

Hund kaut auf dem Gegenstand herum (Knautschen):

Dies ist oftmals ein Zeichen von Unsicherheit: vielleicht versteht der Hund die Übung noch nicht richtig. Versuchen Sie, viel Zeit für die anfänglichen Schritte zu verwenden. Überprüfen Sie Ihr Timing, loben Sie zur richtigen Zeit und hören Sie auch rechtzeitig auf zu loben? Eine andere Ursache für Knautschen könnte sein, daß der Gegenstand ein Spielzeug ist, mit dem der Hund sonst normalerweise herumschleudern darf. In diesem Fall benutzen Sie lieber einen anderen Gegenstand, mit dem der Hund nicht automatisch „spielen" verbindet.

Hund läßt den Gegenstand fallen, bevor er soll:

Vielleicht haben Sie ihn dafür unbewußt belohnt? Überprüfen Sie Ihr Timing „Lob – kein Lob". Näheres hierzu weiter unten. Bei Hunden des eher sensiblen oder unterwürfigen Typs kann es auch sein, daß der Hund das Gefühl hat, er sollte lieber „dem

Boß die Beute überlassen, bevor es Ärger gibt".Wenn Sie sich beim Vorsitzen über den Hund beugen, deuten das manche als Dominanzgeste. Versuchen Sie, möglichst gerade zu stehen, wenn Sie dem Hund den Gegenstand abnehmen wollen und auch sonst die ganze Übung bewußt freundlich zu gestalten.

Hund will den Gegenstand nicht loslassen:
Lassen Sie sich nicht auf ein „Tauziehen" ein! Damit würden Sie das Problem nur verschlimmern. Als Sofortmaßnahme halten Sie den Hund am Halsband fest, damit er nicht am Gegenstand ziehen kann, wenn Sie ihn ergreifen. Versuchen Sie nun, ihm den Gegenstand möglichst neutral wegzunehmen. Notfalls bieten Sie ihm ein Leckerli zum Tausch an. Ist das Loslassen ein grundsätzliches Problem, sollten Sie es getrennt von der Apportierübung mit dem Hund üben, z. B. mit zwei gleichen Spielzeugen: Gibt der Hund freiwillig eines her, wird er sofort mit dem zweiten belohnt. So hat er nicht das Gefühl, das Ausgeben beendet den ganzen Spaß und entwickelt Vertrauen zu dieser Übung.

Hund läuft mit dem Gegenstand weg, statt zurückzukommen:
Wahrscheinlich sind Sie zu schnell in den einzelnen Schritten vorangegangen. Üben Sie wieder mit Leine, bis der Hund zuverlässig kommt. Dabei ist die Leine lediglich als Sicherheit gedacht. Benutzen Sie sie nicht, um den Hund zu sich heranzuziehen! Passiert Ihnen ohne Leine dieses Malheur doch einmal, obwohl das Apportieren angeleint immer geklappt hat, versuchen Sie keinesfalls, hinter dem Hund herzulaufen. Drehen Sie sich einfach weg und gehen Sie in entgegengesetzter Richtung davon. Der Hund wird bald merken, daß Sie dieses Spiel nicht mitspielen.

Häufige Fehler:

Wie oben bereits erwähnt, passiert es relativ häufig, daß wir durch unüberlegtes Handeln unserem Hund etwas beibringen, das wir gar nicht wollen. Manchmal sind diese Dinge dann in der Ausbildung äußerst störend, wie beispielsweise zu frühes Fallenlassen des Gegenstands.

Speziell dieses Problem ist fast immer „selbstgestrickt", nämlich durch Spielen mit dem Hund: Da wird ein Ball geworfen, der Hund läuft hinterher, kommt damit zurück und wirft ihn seinem Besitzer vor die Füße. Der hebt den Ball wieder auf, um ihn erneut zu werfen. Aus Sicht des Hundes eine Belohnung für das Bringen und **Fallenlassen!** Ertappen Sie sich gerade selbst dabei, zu dieser Gruppe zu gehören, achten Sie in Zukunft darauf, erst wieder zu werfen, wenn Sie den Ball in die Hand bekommen haben.

Reservieren Sie außerdem Ihr Hörzeichen ausschließlich für die korrekte Apportierübung. Wenn Sie mit Ihrem Hund spielen, aber trotzdem etwas sagen wollen, wählen Sie ein anderes Wort.

Natürlich kann hier nur auf einen kleinen Teil der möglichen Schwierigkeiten eingegangen werden. Wie auch immer sie aber ausfallen mögen, sie haben alle eines gemein: Mit etwas Kreativität läßt sich für sie alle eine Lösung finden, die auf fairen Methoden beruht.

Der Tervueren ist zu einer Pylone vorausgeschickt worden und wartet dort auf weitere Anweisungen. Auf Signal der Hundeführerin läuft er voraus, um sich auf ein Hörzeichen hinzulegen. Nun geht die Hundeführerin (vom Richter dirigiert) los, auf den Hund zu, an ihm vorbei, wieder von ihm weg, bis (wieder auf Anweisung des Richters) der Hund mit Handzeichen oder Stimme in die Freifolge abgerufen wird.

4

5

6

7

4. Vorausschicken

Was wird verlangt?

Diese Übung ist sozusagen zweigeteilt: Im ersten Teil wird der Hund bis zu einem Kegel (Pylone) vorausgeschickt und soll dort stehenbleiben und auf weitere Anweisung warten. Auf erneutes Signal von seinem Hundeführer wird der Hund nun zu einem markierten Ort dirigiert, zu dem er schnell laufen soll. Dieser Ort ist fast immer ein durch vier Pylonen gekennzeichnetes Viereck. Dort bekommt der Hund vom Hundeführer die Anweisung, sich zu legen. Auf Anweisung des Richters nun geht der Hundeführer los.

Der Richter kommandiert, wie schnell er gehen soll, welche Wendungen etc., und wann er den immer noch im Viereck liegenden Hund zu sich rufen soll. Ohne daß einer der beiden stehenbleibt, schließt sich der Hund in der Freifolge dem Hundeführer an, der noch so lange weitergeht, bis der Richter die Übung beendet.

Welche Utensilien werden benötigt?

Zum Üben braucht man mindestens fünf Pylonen (Kegel), um der Übung mehr Abwechslung zu verleihen, ist eine größere Anzahl von Vorteil. Außerdem – wie immer – ein Motivationsmittel.

Entweder nehmen wir ein Spielzeug oder Leckerli. Letztere sollten wir in einen Behälter tun (beispielsweise eine Plastikdose von Negativfilmen oder ähnliches). Der Hund soll den Behälter nicht selbst öffnen können.

Was muss der Hund schon können?

Für die Basisübung, das eigentliche Vorauslaufen, genügt es, wenn der Hund das Hörzeichen für das Hinlegen kennt. Wer die Übung vervollkommnen möchte, sollte seinem Hund vorher außerdem das Stehenbleiben auf Zuruf, Bei-Fuß-Gehen, das Abrufen in die Freifolge und die Bleibübungen beibringen.

Ausbildungswege

Bei Hunden, die gern laufen und gut auf Futter und/oder Leckerli ansprechen, funktioniert die im folgenden beschriebene Vorgehensweise sehr gut. Es gibt aber auch Hunde, die nur schwer auf solch direkte Weise motivieren lassen. Interessanterweise sprechen aber solche Hunde oft sehr gut auf indirekte Verstärkung an, wie das „Click & Treat".

Hier aber zunächst die Methode, die bei den allermeisten Hunden gut funktioniert. Sie basiert auf Beutetrieb, ähnlich wie unsere Vorübung zum Apportieren. Wir brauchen zunächst etwas, für das der Hund sich interessiert. Da wir für diese Übung Schnelligkeit wollen, ist ein Spielzeug am besten geeignet, das wir und der Hund gemeinsam festhalten können.

Als ersten Schritt wecken wir nun das Interesse unseres Hundes. Dabei drängen wir ihm das Spielzeug nicht auf, falls er nicht sofort darauf reagiert – damit würden wir genau das Gegenteil erreichen.

Ähnlich wie bei kleinen Kindern ist manches Spielzeug uninteressant, steht es zur freien Verfügung. Will aber ein anderes Kind eben dieses Spielzeug haben, wird es plötzlich doch sehr interessant.

Denken Sie daran und tun Sie so, als seien Sie selbst ganz furchtbar an diesem Spielzeug interessiert. Werfen Sie es in die Luft und fangen es wieder auf. Manchmal ist es auch hilfreich, wenn eine zweite Person uns das Spielzeug entreißt und damit wegläuft. In den allermeisten Fällen zeigt dies schnell Wirkung und der Hund möchte das so begehrte Ding nun auch haben. Darauf haben wir gewartet. Wir strecken unseren Arm mit dem Spielzeug aus, als würden wir dem Hund eine Richtung zeigen. Der Hund darf dem ausgestreckten Arm folgen und das Spielzeug „erbeuten". Dabei können wir auch schon ein paar Meter mit dem Hund zusammen in die gezeigte Richtung laufen.

Unser Hund ist an der Leine, damit er nicht mit seiner Beute davonlaufen kann. Wenn der Hund hochspringt, um an das Spielzeug zu kommen, halten wir den Arm etwas tiefer: er soll vom Hund aus gesehen nach vorn und nicht nach oben zeigen.

Der Hund sollte am Schluß jedesmal das Spielzeug aus unserer Hand erbeuten dürfen. Wenn wir mit Futter arbeiten, tun wir ein paar begehrte Leckerchen, wie z. B. gekochtes Hühnchenfleisch in kleinen Würfeln in einen Behälter, z. B. eine kleine Dose, und nehmen auch ein oder zwei direkt in die Hand. Damit machen wir dieselbe Übung wie mit dem Spielzeug.

Folgt der Hund unserem ausgestreckten Arm mit der Dose, bekommt er am Schluß auch ein Leckerli. Tun Sie ruhig so, als ob es aus der Dose kommt, so bleibt diese für den Hund interessant. (Im folgenden Text schreibe ich der Einfachheit halber immer „Spielzeug" – für die Leckerlidose gilt natürlich sinngemäß dasselbe).

Sehr wahrscheinlich bereitet dieser Schritt keine Schwierigkeiten. Also können wir unsere Signalworte einführen: Eines, mit dem wir dem Hund sagen wollen „Guck dahin wo ich hinzeige" (dieses Wort muß unbedingt ein anderes sein als das für „Guck **mich** an") und eines für das eigentliche Vorauslaufen („Voran", „Voraus", „Lauf" o. ä.).

Anfangs ist es für den Hund einfacher, das Handzeichen auf Augenhöhe zu bekommen. Und los geht's.

Wenn wir das nächste Mal die Vorübung mit Ihrem Hund machen, sagen wir das Signalwort (z.B. „Da" oder „Paß auf"), sobald er in die Richtung schaut, in die unser ausgestreckter Arm zeigt. Dabei halten wir die Leine kurz, so daß er noch nicht loslaufen kann. Wenn wir merken, daß er laufen will, sagen wir das „Voraus"-Wort und lassen die Leine gleichzeitig locker, damit er losrennen kann. Nach ein paar Wiederholungen wird er anfangen, die Worte mit den Handlungen zu verknüpfen. Wenn wir einmal nicht sicher sind, ob der Hund gleich **wirklich** schaut oder losläuft, sagen wir sicherheitshalber kein Signalwort, damit unser Hund mit diesem Wort nicht etwas Falsches verknüpft.

Die nächsten Schritte sind nun eine allmähliche Steigerung der gelaufenen Strecke. Dann ist es an der Zeit, daß Sie am Schluß der Strecke ein schnelles „Platz" vom Hund verlangen, bevor er seine „Beute" bekommt. Die Betonung liegt auf „schnell"; wenn wir das Gefühl haben, daß der Hund sich nicht wirklich blitzartig hinlegt, wenn wir das Signal geben, üben wir dies lieber noch einmal getrennt von der Vorausschick-Übung.

Das schnelle Hinlegen können wir beim Vorausschicken dadurch unterstützen, daß wir gleichzeitig mit unserem Signalwort „Platz" die Hand mit dem Spielzeug/Leckerli blitzartig nach unten auf den Boden bringen. Dies tun wir möglichst freudig-erregt, als ob es ein ganz neues Spiel ist, mit dem wir unseren Hund überraschen.

Das Spielzeug/Leckerli halten wir so, daß der Hund es nicht greifen kann, wenn er nicht liegt. Manche Hunde gehen nämlich nur in eine Spielhaltung: vorne liegen sie, während das Hinterteil noch in die Höhe ragt. Drücken Sie nicht an Ihrem Hund herum und wiederholen Sie auch nicht das Hörzeichen für „Platz". Sie wollen schließlich, daß der Hund sich **sofort** hinlegt, nicht erst nach zweimaliger Aufforderung.

Klappt es nicht gleich beim ersten Mal, bekommt der Hund eben diesmal keine Belohnung, dafür aber eine neue Chance. Wenn er wirklich das Spielzeug haben will, wird er schnell merken, was er dafür tun muß und sich hinlegen. Stellen Sie sich selbst auf eine blitzartige Reaktion ein: Sobald nämlich Ihr Hund liegt, bekommt er **sofort** aus Ihrer Hand seine „Beute", verbunden mit Ihrem Auflösungswort „Frei" o. ä., damit er keine Zweifel hat, ob er noch liegenbleiben soll oder spielen darf. Spielen Sie ruhig selbst mit, damit er ganz sicher ist.

Diese Übung machen wir nie zu oft hintereinander, höchstens ein paarmal, und hören auf, wenn sie gut geklappt hat. Sonst könnte es passieren, daß der Hund gar nicht mehr so schnell und freudig vorwärtsläuft, weil er am Ende der Strecke schon das „Platz" erwartet. Wir lassen ihn zwischendurch auch ruhig wieder die Beute bekommen, ohne das Hinlegen zu verlangen.

Gelingt dieser Übungsschritt – schaut der Hund also auf ein Signalwort in die gezeigte Richtung, läuft auf ein weiteres Wort schnell in dieselbe und legt sich sofort hin, wenn wir es sagen, dann verlängern wir allmählich die Strecke, die der Hund laufen soll. Wir können auch sein Spielzeug schon dorthin legen, wo er nachher Platz machen soll, müssen aber aufpassen, die Kontrolle zu behalten.

Bei einem schnellen Hund ist das nicht immer einfach! Unser Signalwort „Platz" muß rechtzeitig kommen; dabei müssen wir auch den „Bremsweg" unseres Hundes berücksichtigen! Wir stellen uns anfangs so, daß wir notfalls einen Fuß auf das Spielzeug stellen können, falls der Hund versucht, es sich zu schnappen, bevor er liegt. Sind wir sicher, daß Ihr Hund sich

Diese Greyhound-Border Collie-Mix-Hündin ist schon ein Profi bei der Vorausschick-Übung.

zuverlässig legt, ohne zu versuchen, das Spielzeug vorher zu nehmen, können wir uns allmählich immer weiter vom „Zielpunkt“ entfernt aufstellen. Falls das große Schwierigkeiten bereitet, ist eine Hilfsperson nützlich, die an unserer Stelle das Spielzeug kontrollieren kann.

Manche Hunde sind so versessen auf ihr Spielzeug, daß es schwer fällt, die Kontrolle auch aus einiger Entfernung zu behalten. Bei derart spielzeugverrückten Hunden ist es vielleicht nötig, das Spielzeug erst dem Hund zuzuwerfen, sobald er liegt. Hundeausbildung nur „nach Schema F“ kann nicht funktionieren – schließlich haben wir es mit lebenden Wesen zu tun. Manchmal ist ein bißchen Kreativität nötig, um für den eigenen Hund die geeignete Methode zu finden.

Ihnen ist sicher aufgefallen, daß bei allen bisherigen Ausbildungsschritten immer ein Beuteobjekt am Ziel war. Bei einer Prüfung ist das nicht der Fall. Wie kann man aber erreichen, daß der Hund trotzdem noch losläuft, auch wenn er nirgends etwas liegen sieht? Dazu muß Vertrauen aufgebaut werden. Der Hund muß einfach wissen: „Wenn ich in die gezeigte Richtung laufe, werde ich belohnt".

Zunächst können wir dafür sorgen, daß das Spielzeug für den Hund nicht mehr gleich zu sehen ist. Eine Möglichkeit ist es, das Spielzeug in hohes Gras zu legen oder die Farbe so auszuwählen, daß sie sich kaum vom Untergrund abhebt. Nach ein paar Wiederholungen mit diesem Übungsaufbau wird der Hund wissen, daß er uns vertrauen kann. Wenn er in die Richtung läuft, in die wir zeigen, „taucht auch die Belohnung auf".

Eine gute Möglichkeit ist es auch, mehreres Spielzeug zu verwenden. Stellen Sie sich vor, Sie stehen mit Ihrem Hund in der Mitte einer Wiese. Lassen Sie Ihren Hund nun bleiben (notfalls anbinden) und gehen Sie mit einem Spielzeug nach links.

Der Hund soll Ihnen dabei zusehen, wie Sie das Spielzeug in einiger Entfernung auf den Boden legen. Nun gehen Sie wieder zurück zu Ihrem Hund.

Mit einem weiteren Spielzeug gehen Sie nun nach rechts – in die entgegengesetzte Richtung wie zuvor – und legen dort auch ein Spielzeug auf den Boden. Gehen Sie wieder zurück zu Ihrem Hund. Der hat höchstwahrscheinlich noch das rechte Spielzeug im Auge, das Sie zuletzt hingelegt haben.

Zeigen Sie aber nun in die andere Richtung, nach links, und schicken Sie ihn dorthin voraus. Diese Übung kann man mit mehreren Spielzeugen noch weiter ausbauen. Auf diese Weise lernt der Hund allmählich, auch in eine andere Richtung zu laufen als dorthin, wo er ganz sicher etwas vermutet.

Das Ganze kann man schließlich noch steigern, indem man schon vorbereitend einiges Spielzeug auslegt, ohne daß der Hund es sieht. Natürlich muß man sich dann gut merken, wo was liegt...

Schließlich, wenn das Hinlegen aus voller Fahrt zuverlässig klappt, lassen wir den Hund an unterschiedlichen Stellen zwischen Start- und Zielpunkt Platz machen, damit er nicht lernt, er soll sich erst hinlegen, wenn er beim Spielzeug angekommen ist. Legt er sich auf unser Signal rasch hin, geben wir ihn als Belohnung sofort „frei" und rennen vielleicht mit ihm um die Wette zu seinem Spielzeug.

Bald wird der Hund uns vertrauen und ohne zu zögern in die gezeigte Richtung laufen.

Für diese Vorausschick-Übung ist das Prinzip der Zufallsbelohnung ein guter Weg, d.h. wir können anfangen, nicht immer am Ende der Laufstrecke den Hund zu belohnen, sondern manchmal auch erst nach zwei oder drei erfolgreichen Übungen. Wir können auch ein Spielzeug ans Ende der Strecke legen oder es erst dem Hund zuwerfen, wenn er sich hingelegt hat.

Diese Art von Belohnung eignet sich auch sehr gut dazu, das **Liegenbleiben** zu üben: Bisher haben wir ja immer das schnelle Legen des Hundes **sofort** belohnt; dann durfte er wieder aufstehen und spielen.

In der Prüfung ist aber die Vorausschick-Übung nicht mit dem Hinlegen beendet, sondern geht noch weiter. Unser Hund muß also lernen, so lange liegenzubleiben, bis wir ihn rufen. Dazu warten wir einfach immer ein bißchen länger, bevor wir belohnen. Unser Hund läuft also voraus, wir sagen „Platz" und er legt sich hin. Statt sofort zu belohnen, warten wir einen kleinen Moment. Dann belohnen wir wie gewohnt (steht der Hund auf, bekommt er natürlich nichts).

Die Zeitspanne zwischen Hinlegen und Belohnung wird allmählich verlängert. Bereitet das keine Schwierigkeiten mehr, bauen wir weitere Schwierigkeiten ein; wir stehen beispielsweise nicht mehr still, sondern gehen herum usw. Lassen Sie Ihre Phantasie spielen!

Allmählich üben wir auch, vom Hund aus gesehen, aus unterschiedlichen Positionen zu zeigen. Zuerst stehen wir direkt neben dem Hund, dann einen Meter neben ihm, dann allmählich immer weiter weg, gegenüber vom Hund usw., bis unser Hund sich wirklich – egal, wo wir stehen – von uns in eine beliebige Richtung dirigieren läßt.

So vorbereitet können wir schließlich das letzte Element üben, nämlich das Vorausschicken zu einem Kegel (Pylone). Sie erinnern sich: In der Prüfung soll der Hund neben diesem Kegel stehenbleiben. Wenn er schon das „Steh" auf Hörzeichen beherrscht, wird dies wenig Schwierigkeiten bereiten. Wir können einfach in die Richtung zeigen und wenn der Hund am Kegel angekommen ist, „Steh" sagen. Das ist – zugegeben – der Idealfall.

Lhasa Apso-Hündin „Jule" ist zur Pylone vorausgeschickt worden und wartet dort auf weitere Anweisungen.

Viele Ausbilder bringen ihren Hunden mit Hilfe von Futter bei, zum Kegel zu laufen: dort liegt dann einfach ein Leckerli. Das klappt auch ganz gut, nur bringt es oftmals das Problem mit sich, daß die Hunde anfangen, am Kegel zu schnuppern und das Futter zu suchen, statt stillzustehen.

Wenn wir das „Futterprinzip" verwenden wollen, müssen wir daher sehr sorgfältig vorgehen, um diesem Problem vorzubeugen. Analog zur „Platz-Übung" beim Vorausschicken können wir beispielsweise das Futter erst geben, wenn der Hund am Kegel stillsteht und uns ansieht.

Nun üben wir, den Hund aus dieser Position (neben dem Kegel stehend) wieder vorauszuschicken. Erst aus dichter Entfernung, dann von immer weiter weg. Wenn all diese Schritte klappen, können wir einmal ausprobieren, alle Einzelteile zur kompletten Übung zusammenzufügen: Wir stellen uns mit unserem Hund auf, schicken ihn zum Kegel, dort soll er stehenbleiben und uns ansehen. Nach

einem kurzen Moment schicken wir ihn nach links oder rechts wieder voraus, um schließlich „Platz“ zu sagen.

In der Prüfung kommt nun noch der Schlußteil: Wir müssen, vom Richter dirigiert, gehen, während der Hund liegenbleibt. Dann wird der Hund in die Freifolge gerufen. Wenn wir dies schon gesondert geübt haben (siehe: Kapitel Abrufen), können wir auch diesen letzten Teil schon hinzufügen.

Machen Sie aber nicht den Fehler, von nun an immer die komplette Übung von vorn bis hinten durchzuexerzieren. Üben Sie vielmehr weiterhin die einzelnen Schritte, auch durcheinander, damit der Hund nicht die Reihenfolge auswendig lernt und anfängt, den nächsten Schritt vorwegzunehmen. Dadurch, daß wir immer nur die Einzelteile üben, sorgen wir dafür, daß sich keine Fehler einschleichen, und außerdem bleibt die Übungsstunde für alle Beteiligten abwechslungsreich.

Vorausschicken gelehrt auf die elegante Art:
Border Collie „Silas“ hat gelernt, die Spitze eines Stabs auf ein Hörzeichen mit der Nase zu berühren. Anfangs wird der Stab in der Hand gehalten, dann in den Boden gesteckt. Berührt der Hund ihn auch da, kann man sich allmählich immer weiter vom Stab entfernen. Frauchen läuft anfangs noch ein Stück mit, später kann Silas es schon allein.

Was tun, wenn...

Der Hund zögert beim Vorauslaufen oder legt sich sogar schon vor dem Signalwort hin:

Das passiert relativ häufig, besonders bei sensiblen Hunden. Üben Sie häufig das Vorausschicken, ohne daß der Hund sich am Ende hinlegen muß. Wenn Sie bemerken, daß Ihr Hund zögert, können Sie selbst losrennen, dem Hund das Spielzeug vor der Nase wegschnappen und weiterrennen, nach dem Motto „Ätsch, ich war schneller als du!". Das muß sehr locker und fröhlich ablaufen, lassen Sie sich auf keinen Fall etwaigen Ärger anmerken, das würde den Hund nur noch mehr verunsichern.

Der Hund greift sich das Spielzeug und legt sich erst dann hin oder läuft sogar damit weg:

Wahrscheinlich haben Sie zu früh auf die Kontrolle verzichtet. Üben Sie an der Leine, damit der Hund keine Möglichkeit hat, mit dem Spielzeug zu entkommen. Werfen Sie dem Hund das Spielzeug erst zu, sobald er liegt oder benutzen Sie eine Dose mit Leckerli, um überschießenden Reaktionen vorzubeugen. Auch eine Hilfsperson kann gute Dienste leisten, die das Spielzeug kontrolliert und – wenn nötig – schnell den Fuß daraufstellt.

Der Hund legt sich zwar hin, steht aber sofort wieder auf:

Zögern Sie die Belohnung hinaus. Steht der Hund auf, gibt es nichts. Geben Sie ihm eine neue Chance, wenn er auch nur einen Moment länger liegenbleibt als sonst, belohnen Sie ihn. Diese Zeitspanne verlängern Sie allmählich. Üben Sie zwischendurch auch das Platz-Bleib (ohne vorheriges Vorausschicken).

Der Hund bleibt am Kegel nicht stehen, sondern legt sich hin:

Sind Sie vielleicht zu schnell vorgegangen in der Ausbildung? Wahrscheinlich hat Ihr Hund das Vorausschicken schon automatisch mit Hinlegen am Ende verknüpft. Üben Sie das Stehen noch einmal gesondert, um sicherzugehen, daß Ihr Hund das Signalwort wirklich versteht. Lassen Sie ihn auch öfter einmal aus der Bewegung stehenbleiben, z. B. wenn er auf einem Spaziergang vor Ihnen läuft. Vermeiden Sie es, die Vorausschick-Übung komplett durchzuführen. Gehen Sie nur die Einzelteile durch, auch in veränderter Reihenfolge oder einfach in andere Übungen eingestreut. Üben Sie, wenn Sie schon so weit sind, auch einmal die Distanzkontrolle neben einem Kegel. Gehen Sie gemeinsam mit Ihrem Hund zum Kegel und lassen ihn dort stehen. Vergessen Sie nicht die Belohnung!

Der Hund bleibt am Kegel nicht/nur kurz stehen und läuft weiter:

Vielleicht haben Sie die Übung zu oft komplett durchgeführt und Ihr Hund weiß schon, was als nächstes kommt. Machen Sie häufiger die Einzelübung „zum Kegel vorausschicken" und belohnen Sie den Hund dort (natürlich nur, wenn er stehenbleibt). Bauen Sie, genau wie beim Liegenbleiben am Ende der Strecke, die Zeitspanne allmählich aus, das heißt, der Hund muß immer länger stehenbleiben, bevor die Belohnung kommt. Meiner Erfahrung nach eignet sich für die Steh-Übung Futter besser als Spielzeug, weil der Hund durch Spielzeug leicht dazu verleitet wird, die Steh-Position zu verlassen. Aus dem Stand ist ein Schritt viel schneller getan als aus dem Liegen.

Übungstips für den Alltag:

Auf dem täglichen Spaziergang bieten sich viele Möglichkeiten, das Vorausschicken zu üben. Ein paar Beispiele:

· Lassen Sie beim Gehen unbemerkt ein Spielzeug fallen, gehen ein Stück weiter und rufen den Hund zu sich. Zeigen Sie in die Richtung, in der das Spielzeug liegt und schicken Sie den Hund. Wenn Sie möchten, lassen Sie ihn Platz machen, das muß aber nicht immer sein – die Freude am schnellen Vorauslaufen muß immer gewahrt bleiben.

· Sagen Sie zwischendurch einfach „Steh" – egal, was Ihr Hund gerade tut oder wo er läuft. Bleibt er stehen, bekommt er eine Belohnung. Dies kann man steigern, indem vom Hund verlangt wird, eine gewisse Zeit stehenzubleiben. Gehen Sie dabei auf den Hund zu. Stecken Sie die Hand in die Tasche und nehmen Sie ein Leckerli heraus. Macht Ihr Hund dann einen Schritt auf Sie zu, stecken Sie das Leckerli demonstrativ wieder ein – „leider verloren". Neues Spiel, neues Glück – der Hund bekommt eine neue Chance. Wenn Sie konsequent sind, wird er schnell merken, worauf es ankommt.

· Wenn Sie mit Ihrem Hund Ball spielen, führen Sie einmal folgende Variante ein: Tun Sie so, als ob Sie werfen. Läuft Ihr Hund daraufhin ein Stück voraus, geben Sie ihm das Signalwort „Platz". Legt er sich hin, werfen Sie den Ball und lassen ihn laufen. Legt er sich nicht, wird auch kein Ball geworfen. Läßt Ihr Hund sich nicht hereinlegen und läuft nicht, wenn Sie nicht wirklich werfen, können Sie ihn natürlich auch einfach ein Stück vorausschicken und dann entsprechend vorgehen.

Dies sind nur wenige Beispiele. Strengen Sie Ihre Phantasie an: Ihnen fallen bestimmt noch viele andere Möglichkeiten ein.

Vorsicht, Falle! – Häufige Fehler und wie man sie vermeiden kann:

Vielerorts wird das Vorausschicken auf eine andere Methode geübt: Es wird einfach ein Spielzeug geworfen oder hingelegt und der Hund dorthin geschickt. Meist läuft der Hund dabei von Anfang an eine größere Strecke und der Besitzer hat keinerlei Kontrolle, was am Ende dieser Strecke passiert.

Die Mehrzahl der Hunde wird wahrscheinlich erst das Spielzeug nehmen und sich dann – vielleicht – hinlegen, wenn die Anweisung kommt. Allenfalls wird eine lange Leine benutzt, um den Hund zu stoppen.

Dies bringt oft Probleme mit sich: Der Hund sieht keinen Grund, sich schnell hinzulegen (die Belohnung bekommt er ja auch so, er braucht sie nur zu nehmen). Liegt dann irgendwann kein Spielzeug da, fangen viele Hunde an zu suchen („erst wenn ich mein Spielzeug habe, lege ich mich hin"). Oder sie erwarten am Ende der Strecke schon einen Leinenruck und fangen an, zu zögern, wenn die Leinenlänge erreicht ist.

Diesen Problemen können Sie vorbeugen, wenn Sie den oben beschriebenen Übungsaufbau verwenden. Haben Sie mit Ihrem Hund schon eine andere Ausbildung durchlaufen und es haben sich dabei Probleme eingeschlichen, fangen Sie am besten noch einmal ganz neu an. Verwenden Sie auch neue Hörzeichen, weil der Hund die alten höchstwahrscheinlich nicht mehr ganz unbefangen verknüpfen kann.

5. Distanzkontrolle

Was wird verlangt?

Distanzkontrolle bedeutet, daß der Hund von seinem Hundeführer aus der Entfernung verschiedene Signale erhält, auf die er, ohne sich von der Stelle zu bewegen, jeweils die verlangte Position (Sitz, Platz oder Steh) einnimmt. Der Richter bestimmt die Reihenfolge der einzunehmenden Positionen, insgesamt werden bis zu sechs Positionswechsel verlangt.

Konkret sieht die Übung so aus, daß der Hundeführer mit seinem Hund zu einem markierten Feld geht und den Hund dort läßt. Zur Übung gehört, daß der Hund in keiner Richtung mehr als eine Körperlänge von der Ausgangsposition abweichen darf, daher ist das Feld z. B. durch zwei Kegel gekennzeichnet. Dies erleichtert dem Richter die Kontrolle darüber, ob der Hund sich bei der Übung von seinem Ausgangspunkt bewegt hat. Der Hundeführer geht nun etwa 20 Schritte weiter und stellt sich zu seinem Hund gewandt auf. Hinter dem Hund steht ein Helfer, der eine drehbare Anzeige hält.

Auf Anweisung des Richters zeigt dieser Helfer dem Hundeführer die jeweils mit der entsprechenden Position (Sitz / Platz / Steh) beschriftete Seite. Der Hundeführer gibt seinem Hund das entsprechende Hör- oder Sichtzeichen, woraufhin der Hund rasch die jeweilige Position einnehmen soll.

Wie kann man es üben?

Vorbereitung

Bevor wir mit unserem Hund anfangen zu üben, sollten wir uns genau überlegen, welche Hörzeichen und welche Sichtzeichen wir verwenden wollen. Ein wichtiges Kriterium bei dieser Überlegung ist, daß die Signale später vom Hund aus einiger Entfernung gut zu erkennen sein müssen.

Es gibt Hunde, die es kaum abwarten können, das nächste Hörzeichen zu bekommen und schon die nächste Position eingenommen haben, bevor man mit dem Sprechen fertig ist. Ganz besonders in solchen Fällen ist es von großem Wert, wenn die Hörzeichen sich deutlich voneinander unterscheiden.

Fangen beispielsweise zwei Hörzeichen mit dem selben Buchstaben an (wie beispielsweise „Sitz" und „Steh"), gleicht es bei eifrigen Hunden oftmals einem Lotteriespiel, welche Position sie blitzartig einnehmen, wenn sie diesen Buchstaben hören. Um also nicht in die Lage zu kommen, den Arbeitseifer des Hundes durch unnötige Korrekturen zu bremsen, sollten wir deutlich verschiedene Hörzeichen wählen und es dem Hund dadurch leichter machen. Englischsprachige Obedience-Sportler wählen häufig die Hörzeichen „Sit" (Sitz), „Down" (sprich: „daun" = Platz) und „Back" (sprich: „bäck" = zurück) was für das Steh benutzt wird.

Sind wir uns über die Hörzeichen klar, überlegen wir uns auch geeignete Sichtzeichen. Wenn für jede Position zwei Signale zur Auswahl stehen, die der Hund versteht, kann dies ein großer Vorteil sein. In einer lauten Umgebung könnte z.B. daß Hörzeichen in der Geräuschkulisse untergeht. Dann ein Sichtzeichen zur Verfügung zu haben, zahlt sich aus. Ebenso könnte ein Hund z. B. von der Sonne geblendet werden und hat es dann mit einem Hörzeichen leichter.

Wer als Nicht-Eingeweihter schon einmal eine Obedience-Vorführung gesehen hat, fühlte sich bei der Distanzkontrolle auf Sichtzeichen vielleicht ein wenig an einen Fluglotsen erinnert. Für jede Position erhält der Hund ein Signal, beispielsweise ein erhobener rechter Arm für „Platz", ein seitlich ausgestreckter linker Arm für „Sitz" und beide Arme seitlich ausgestreckt für „Steh". Natürlich ist die Wahl der Sichtzeichen dem Hundeführer freigestellt, aber sie sollten so klar sein, daß sie für den Hund auch aus einiger Entfernung noch gut zu sehen sind.

Die Praxis:

Voraussetzung für die Distanzkontrolle ist natürlich, daß der Hund die entsprechenden Positionen und die dazugehörigen Hör- und/oder Sichtzeichen kennt. Ganz klar ebenso, daß nicht gleich aus der Entfernung geübt werden kann, wo sich der Hund außerhalb unserer Reichweite befindet und wir ihm nicht helfen können.

Es gibt sicherlich viele Techniken, wie man einem Hund beibringen kann, sich zu setzen, zu stehen oder sich hinzulegen. Und solange diese Methoden freundlich sind und nicht das gute Verhältnis zwischen Mensch und Hund gefährden, gibt es keinen Grund, sie zu ändern. All denjenigen, die Click & Treat beherrschen, bietet sich hier wieder ein dankbares Anwendungsfeld.

Für die meisten Hunde ist die einfachste Position das Sitz. Die kann man sehr leicht erreichen, ohne den Hund auch nur zu berühren: Wir manövrieren spielerisch den angeleinten Hund so, daß er sich vor uns befindet. In der rechten Hand halten wir die Leine, in der linken ein Leckerli oder Spielzeug. Nun strecken wir den linken Arm seitlich aus (ähnlich, wie später unser Sichtzeichen aussieht) und gehen mit ausgestrecktem Arm auf den Hund zu. Wenn wir das Leckerli/Spielzeug über seinen Kopf nach hinten führen, wird der Hund ihm mit der Nase folgen, dabei den Kopf hoch- und folgerichtig das Hinterteil nach unten bewegen – schon sitzt er.

Sobald wir die Bewegung ansatzweise sehen, geben wir unser Hörzeichen dazu, und wenn der Hund sitzt, erhält er sofort seine Belohnung.

Dies kann man noch ein paarmal wiederholen (zwischendurch immer wieder mit Spiel die Übung auflockern), dann reicht es erst einmal.

Wenn der Hund mit Hilfe von über die Nase gehaltenen Leckerli gelernt hat, aus dem Liegen in die Sitzposition zu kommen, kann dieses Handzeichen auch aus größerer Entfernung für die Distanzkontrolle benutzt werden.

Wie bei jeder Lektion müssen wir darauf achten, immer mit einem positiven Ereignis aufzuhören. Der Hund wird sich am ehesten an das erinnern, was wir zuletzt getan haben, und wenn das ein frustrierendes Erlebnis für ihn war, wird er beim nächsten Mal schon weniger Lust haben, mit uns zu üben.

Sollte es einmal vorkommen, daß der Hund eine neue Übung einfach nicht begreifen will, dann ist es das beste, ihn etwas ausführen zu lassen, was er gut beherrscht, ihn dann ordentlich zu loben und mit ihm zu spielen und damit die Übungseinheit zu beenden.

So manches „Brett vor dem Kopf" hat sich auf diese Weise schon in Luft aufgelöst!

Wenn wir nach ein paar Übungen das Gefühl haben, unser Hund weiß, was er tun soll, können wir versuchen, die Anforderungen **langsam** zu steigern. So kann man beispielsweise auf die Leine verzichten, einmal das Sichtzeichen ganz weglassen oder einmal das Hörzeichen, und wenn der Hund sich auf der Stelle setzt, können wir uns langsam etwas vom Hund entfernen.

Aber Achtung! Viele Hunde haben die Tendenz, sich erst zu setzen, nachdem sie uns ein Stück entgegengekommen sind. Ist das der Fall, müssen wir noch mehr Zeit darauf verwenden, dem Hund die Übung aus der Nähe beizubringen. Dabei ist es von Vorteil, beim Geben des Signals einen Schritt auf den Hund zuzugehen oder so zu tun, als wolle man dies tun. Wenn wir sorgfältig vorgehen, wird es nicht lange dauern, und der Hund nimmt überall sofort auf unser Zeichen hin die Position Sitz ein.

Diese Lektion kann man übrigens sogar beim Kartoffelschälen in der Küche üben. Ein paarmal täglich ganz kurz ist besser als lange, langweilige Übungsstunden!

Als nächstes bringen wir dem Hund das Steh bei. Ganz besonders bei dieser Position kommt es immer wieder leicht dazu, daß der Hund nicht auf der Stelle bleibt, sondern uns entgegenkommt.

Es ist ja ein gutes Zeichen, wenn unser Hund bei uns sein will, weil er sich da am wohlsten fühlt, aber diese Übung verlangt es nun einmal anders. So müssen wir dafür sorgen, daß der Hund wirklich auf

Mixhündin „Luna“ lernt mit Hilfe eines ihr entgegengeschobenen Leckerlis, die „Steh“-Position nach rückwärts einzunehmen.

einer Stelle bleibt. Eine guter Weg dorthin ist, eine Rückwärtstendenz einzubauen (dies erklärt auch das „Back“).

Ähnlich wie bei der Position Sitz beginnen wir die Übung damit, daß wir den Hund spielerisch an der Leine vor uns manövrieren. Dann gehen wir forsch auf unseren Hund zu, so daß er den Eindruck bekommt, wir wollten direkt durch ihn hindurchgehen. Dabei können wir bereits unser Sichtzeichen (z. B. seitlich ausgestreckte Arme) benutzen. In den allermeisten Fällen wird der Hund nun – je nach Temperament – einen Schritt oder einen Satz rückwärts machen.

In diesem Moment geben wir ihm unser Hörzeichen. Kommt der Hund zum Stillstand, bekommt er sofort seine Belohnung.

Die Rückwärtsbewegung kann man ruhig bis auf ein paar Schritte ausbauen; wenn wir später diese Übung auf Entfernung ausführen, wird das nützlich sein, um die Vorwärtstendenz (also zu uns hin) auszugleichen.

Falls der Hund zur Seite ausweicht, kann man ein Hindernis wie eine Mauer oder einen Zaun benutzen, um diesen Weg zu versperren. Wie bei der Übung Sitz beschrieben, arbeiten wir nun mit zunehmender Sicherheit des Hundes daran, unsere Hilfen weniger werden zu lassen. Wir geben z.B. nur ein Sicht- **oder** Hörzeichen, oder lassen den Schritt in Richtung Hund weg.

Ebenso können wir allmählich etwas Entfernung einbauen, aber wirklich erst nach und nach.

Als letzte Position fehlt uns noch das Platz. Das können wir am einfachsten mit einem Leckerli oder Spielzeug üben, das wir in der linken Hand halten. Befindet sich unser Hund vor uns, nehmen wir gleichzeitig den rechten Arm nach oben (Ihr späteres Sichtzeichen) und die linke Hand nach unten auf den Boden, leicht in Richtung auf den Hund zu, um auch hier

Das Leckerli wird zwischen die Vorderbeine gelegt. So erreicht man, daß der Hund beim Hinlegen die Vorderbeine nach hinten wegklappt und in Sphinx-Stellung landet. Anfangs ist diese Bewegung für die meisten Hunde ungewohnt und der Rücken wird krumm. Das gibt sich aber schnell von allein, wenn der Hund erst einmal begriffen hat, worum es geht.

wieder die Rückwärtstendenz zu erhalten. Sobald sich der Hund anschickt, sich zu legen, geben wir unser Hörzeichen; liegt der Hund, bekommt er seine Belohnung, es folgen Lob und Spiel.

Allmählich lassen wir nun die Bewegung der linken Hand nach unten immer kleiner werden, bis sie schließlich ganz weggelassen werden kann. Dann bauen wir, wie bei den anderen Positionen beschrieben, immer mehr Sicherheit auch auf Entfernung auf.

Nun beherrscht unser Hund zwar alle drei Positionen auf Sicht- und Hörzeichen, dies bedeutet aber noch lange nicht, daß er sie auch kombinieren kann. Deshalb müssen wir jetzt üben, alle drei Positionen aus jeder anderen einzunehmen. Dabei machen wir es wieder wie zu Anfang bei den einzelnen Positionen: zuerst mit allen erdenklichen Hilfen aus der Nähe, mit zunehmender Sicherheit des Hundes dann mit wachsender Entfernung zum Hund.

Sitz aus dem Steh: Wir bringen den Hund in die Position Steh und gehen dann genauso vor, wie bei der Sitzübung beschrieben.

Steh aus dem Sitz: Das ähnelt der Vorgehensweise wie beim Steh beschrieben. Man muß zusätzlich darauf achten, daß der Hund beim Aufstehen nicht „nach vorne kippt", sondern die Hinterbeine sozusagen nach hinten schnellen. Um dem Hund zu helfen, kann man **vorsichtig** mit der Fußspitze seine Hinterpfoten leicht antippen, so wird er leichter begreifen, wie er sich bewegen soll.

„Luna" steht auf ein Handzeichen auf, auch wenn die Hundeführerin einen Schritt weiter entfernt steht.

Platz aus dem Steh: Hierzu bringen wir den linken Arm mit einem Spielzeug oder Leckerli nach unten, und zwar möglichst zwischen die Vorderbeine des Hundes, um wieder die Rückwärtstendenz zu verstärken. Der Hund soll sich mit einer Rückwärtsbewegung hinlegen.

Wenn nötig, können wir mit Hilfe der Leine (leicht nach hinten-unten ziehen) diese Bewegung unterstützen. Das soll aber nicht bedeuten, den Hund an der Leine herunterzuziehen! Hinlegen muß er sich schon allein. Die Leine kann nur helfen, den Bewegungsablauf nach hinten-unten zu unterstreichen. In der Regel wird sie ohnehin überflüssig sein, da der Hund von selbst diese Bewegung macht, um das Spielzeug/Leckerli zu erreichen (wenn wir es an die richtige Stelle bringen).

Sitz aus dem Platz: Der Ablauf ist ähnlich wie beim Sitz. Wieder führen wir den ausgestreckten Arm mit dem Spielzeug oder Leckerli über den Hundekopf hinweg nach

Das Handzeichen hilft „Luna", aus dem Platz ins Sitz aufzustehen.

hinten; der Hund wird beim Versuch, es zu erreichen, aufstehen. Dabei müssen wir nur darauf achten, daß er wieder die gewünschte Rückwärtstendenz hat. Wenn nötig, können wir dazu seine Vorderpfoten **leicht** mit dem Fuß antippen, damit er sie nach hinten nimmt und nicht umgekehrt seinen Körper nach vorn. Außerdem gibt es Hunde, die der Bequemlichkeit halber zunächst ganz aufstehen, um sich dann wieder zu setzen. Hier können wir eine leichte Hilfe mit der Leine geben, um dieser Bewegung vorzubeugen.

Platz aus dem Sitz: Auch hier kommt das Spielzeug/Leckerli zum Einsatz, das wir mit der linken Hand zwischen die Vorderbeine des Hundes bringen, damit er der

Blitzartig hat sich „Luna" auf Frauchens Handzeichen gelegt.

Bewegung nach hinten-unten folgt. Bei dieser Kombination haben einige Hunde die Tendenz, sich vor dem Hinlegen mit dem Hinterteil vom Boden zu erheben. Wenn unser Hund das tut, müssen wir ihm helfen, den korrekten Bewegungsablauf zu verstehen. Wir können ihm z.B. eine Hand leicht auf den Rücken legen.

Steh aus dem Platz: Am einfachsten üben Sie das, indem Sie das Spielzeug/Leckerli auf Nasenhöhe des Hundes haltend auf ihn zugehen. So wird er wahrscheinlich aus dem Platz aufspringen. Notfalls können wir wieder mit der Fußspitze nachhelfen, indem wir vorsichtig seine Hinterbeine antippen. Sicherheitshalber können wir diese Übung zunächst an der Leine ausführen; dabei halten wir die Leine in der linken Hand, das Spielzeug/Leckerli in der rechten. So können wir, sollte es nötig werden, eine Vorwärtsbewegung des Hundes auch mit Hilfe der Leine verhindern.

Tips:
Wie bei allen anderen Übungen auch, müssen wir immer versuchen, die Lektionen kurz und abwechslungsreich zu gestalten. Unser Hund beherrscht nun alle drei Positionen aus jeder anderen Position heraus, und dies außerdem noch auf Entfernung. Eine für Zuschauer sehr beeindruckende Sache.
Um so mehr sollten wir es uns verkneifen, damit anzugeben und es zu übertreiben. Auch wenn diese Positionswechsel dem Hund noch so viel Spaß machen, nutzt sich dieser Spaß schnell ab, wenn wir zu viel verlangen.

Hunde kennen keine Prüfungsordnungen. Dieser Mix hat seine eigene Vorstellung von Distanzkontrolle.

Anfangs reicht es vollkommen aus, den Hund eine Position aus einer anderen heraus einnehmen zu lassen (am besten fangen wir mit seinem Lieblingswechsel an), gefolgt von Lob und Spiel. Dann kann man schon einmal zwei Wechsel hintereinander verlangen.
Aber auch hier gilt: Lieber langsam aufbauen – der Spaß geht immer vor!

Häufige Fehler:

Wie schon erwähnt, ist der häufigste Fehler bei der Distanzkontrolle, daß sich der Hund langsam, aber sicher auf seinen Hundeführer zubewegt; mit jedem Positionswechsel ein bißchen. Dies führt natürlich zu Punktabzug, und daher bin ich

Distanzkontrolle kann man auch unterwegs üben. Erhöhte Plätze sind gut geeignet, um einer Vorwärtsbewegung des Hundes vorzubeugen.

beim Einüben der einzelnen Schritte auch immer wieder auf diese Problematik eingegangen. Aber auch Hunde, die sehr sorgfältig ausgebildet worden sind, haben manchmal Probleme, weit weg von ihrem Hundeführer die Übungen in einer Prüfung auszuführen.

Sehr oft liegt das daran, daß der Hund sich unwohl oder unsicher fühlt. Hinter ihm steht plötzlich ein Mensch mit einem Schild, und der Hund weiß genau, daß er von diesem sicher keine Leckerlis zu erwarten hat. Unsere Aufgabe als Hundeführer ist es also, im Training unseren Hund auf solche Situationen vorzubereiten. Es kann helfen, eine Wettkampfsituation zu simulieren, und die Person, die hinter dem Hund steht, darf dann auch gern einmal ruhig und freundlich mit unserem Hund reden, so daß er merkt, daß er von dieser Seite nichts zu befürchten hat.

Außerdem müssen wir darauf achten, **wo** unser Hund seine Belohnung erhält. Bekommt er diese immer nur, nachdem wir ihn nach der Übung zu uns gerufen haben, ist es kein Wunder, wenn er versucht, schon ein bißchen eher zu uns zu kommen. Als kleine Hilfe kann man beispielsweise eine Filmdose mit Leckerlis darin in der Nähe des Hundes zurücklassen und nach der Übung dann schnell zum Hund laufen und ihm aus dieser Dose ein Leckerli geben. Auf diese Weise immer sozusagen „in der Nähe seiner Belohnung“ wird der Hund viel weniger die Tendenz haben, sich uns zu nähern.

Eines sollten wir auf keinen Fall tun: die Hörzeichen in drohendem Tonfall geben. Denn das würde nur bewirken, daß der Hund sich dort, wo er ist, noch unwohler und unsicherer fühlt als ohnehin schon. So würde sein Bestreben, wieder Ihre sichere Nähe aufzusuchen, erst recht steigen, und der Spaß an der Übung wäre auch dahin!

6. Sitz, Platz, Steh aus der Bewegung

Wie sieht die Übung aus?

Sitz, Platz, Steh aus der Bewegung bedeutet, daß dem Hund aus der Freifolge (während er also bei Fuß geht) die entsprechende

Anweisung (Sitz, Platz oder Steh) gegeben wird und er daraufhin sofort die entsprechende Position einnehmen muß.

Zögerliches Ausführen wird mit Punktabzug bestraft, auch darf der Hund nicht erst noch einige Schritte machen.

Welche Utensilien brauchen wir zum Üben?

Zum Üben brauchen wir nur ein Motivationsmittel, z. B. ein Spielzeug.

Was muss der Hund schon können?

Es liegt auf der Hand, daß der Hund schon die Signalwörter und/oder Sichtzeichen für Sitz, Platz und Steh kennen muß. Leider wird oft vergessen, daß mindestens ebenso wichtig ist, daß der Hund sicher und gern bei Fuß geht.

Das Ergebnis ist dann oft ein ziemliches Durcheinander; der Hund ist verwirrt und der Hundeführer gefrustet. Bitte fangen Sie also erst mit dem Sitz/Platz/Steh aus der Bewegung an, wenn Ihr Hund wirklich sehr gut die Freifolge beherrscht und Spaß an dieser hat.

Natürlich können Sie trotzdem schon vorbereitende Übungen mit Ihrem Hund machen; fördern Sie durch gezieltes Training ganz besonders das schnelle Ausführen dieser Signale (siehe auch Kapitel Sitz, Platz, Steh).

Wie kann man es üben?

Wenn Sie alle Einzelteile, also sowohl das Bei-Fuß-Gehen als auch die einzelnen Positionen sorgfältig geübt haben, sollte das Zusammenfügen eigentlich wenig Schwierigkeiten bereiten. Bevor Sie Ihren Hund in der Freifolge möglicherweise verunsichern, können Sie folgenden kleinen Test machen:

Nehmen Sie Ihren Hund an die Leine und gehen Sie ganz zwanglos ein kleines Stück mit ihm. Dabei soll er zwar an lockerer Leine gehen, aber nicht korrekt bei Fuß (geben Sie ihm also auch nicht das Hörzeichen dafür!). Aus diesem Gehen heraus geben Sie plötzlich das Hörzeichen für „Sitz", bleiben aber nicht selbst stehen.

Setzt sich Ihr Hund sofort, gehen Sie sofort zu ihm zurück, belohnen ihn und entlassen ihn aus seiner Position. Tun Sie dies möglichst entgegen der vorherigen Laufrichtung, also sozusagen „nach rückwärts". Dies ist ganz wichtig; fast alle Hunde haben nämlich die Tendenz, noch ein paar Schritte „mitzulaufen", bevor sie sich setzen. Kommt dann auch noch die Belohnung „von vorn" verstärkt man diese Fehlerquelle noch.

Anfangs gehen Sie zum Hund zurück, damit er nicht verleitet wird, seine Position zu schnell zu verlassen. Wenn dies gut klappt, können Sie es sich ein bißchen einfacher machen und ein Spielzeug hinter den Hund werfen, verbunden mit dem „Frei".

Versuchen Sie das auch mit den anderen beiden Positionen Liegen und Stehen. Das Stehen ist erfahrungsgemäß das schwierigste – aus dem Stand ist es eben leicht, noch schnell einen kleinen Schritt zu machen …

Wenn diese Übungen an lockerer Leine klappen, bauen Sie sie noch einmal genauso auf, diesmal aber geht der Hund vorher

Steh aus der Bewegung: Auf ein Handzeichen bleibt „Cookie" stehen, während Frauchen weitergeht.

bei Fuß. Wenn Sie die Möglichkeit haben, bitten Sie jemanden um Hilfe, der Ihnen ein Zeichen gibt, sobald der Hund die verlangte Position eingenommen hat.

So können Sie von vornherein vermeiden, sich zum Hund zu drehen, um nachzusehen. Allzu leicht könnte er nämlich dieses Herumdrehen mit in die Übung einbeziehen und wäre verwirrt, wenn es plötzlich in einer Prüfung wegfiele.

Vereinbaren Sie ein Zeichen, mit der der Freund Ihnen mitteilt, wenn der Hund sitzt, steht oder liegt. Wenn Sie mit dem Clicker arbeiten, kann der Freund auch clicken. Sie reagieren dann sofort darauf, indem Sie Ihr Spielzeug hinter den Hund werfen und ihn freigeben.

Bald wird der Hund merken, daß es sich lohnt, schnell die gewünschte Position einzunehmen, denn es folgt auch schnell eine Belohnung. Wird sie weiter dem Hund von hinten erteilt, verliert er das Bedürfnis, Ihnen weiter zu folgen.

Haben Sie niemanden, der Ihnen hilft, können Sie sich vielleicht mit einem Spiegel behelfen. Ist auch das nicht möglich, denken Sie zumindest daran, keine auffälligen Körperbewegungen, wie Kopfdrehen, zu machen, um Ihren Hund zu beobachten.

Probieren Sie aus, wie Sie den Kopf halten müssen, damit Sie den Hund noch aus dem Augenwinkel sehen können, und starten Sie schon mit dieser Kopfhaltung.

Bereitet dieser Ausbildungsschritt keine Schwierigkeiten mehr, arbeiten Sie daran, den Hund die Position länger beibehalten zu lassen. Dazu zögern Sie die Belohnung immer weiter hinaus. Erhielt der Hund sie anfangs noch sofort nach dem Setzen,

Hinlegen oder Stehenbleiben, warten Sie jetzt einen kleinen Moment länger, bevor Sie belohnen. Verläßt der Hund seine Position, bleibt natürlich auch die Belohnung aus.

Steigern Sie die Anforderungen schrittweise, und gehen Sie niemals zum nächsten Schritt, wenn der aktuelle noch nicht hundertprozentig klappt.

Was tun, wenn...

Der Hund geht immer noch ein paar Schritte weiter, bevor er die Position einnimmt:

Ganz ehrlich: Haben Sie wirklich die oben beschriebenen Schritte sorgfältig befolgt und nichts überhastet? Vielleicht haben Sie auch die Übung mit Ihrem Hund schon früher einmal versucht und er hat falsche Dinge damit verknüpft.

Ist dies der Fall, fangen Sie einfach noch einmal ganz von vorne an. Achten Sie ganz besonders darauf, wo und wann Sie Ihren Hund belohnen.

Viele Hundeführer, die dieses Problem haben, rufen Ihren Hund aus der Position ab und belohnen ihn erst dann. Dadurch möchte der Hund natürlich möglichst schnell zum Hundeführer, denn dort gibt es die Belohnung. Achten Sie darauf, die Belohnung **hinter** den Hund zu werfen.

Der Hund nimmt die Position nicht richtig ein:

Vielleicht gehört Ihr Hund zu denen, die es nicht erwarten können, bis die Belohnung kommt. Achten Sie sehr sorgfältig auf Ihr Timing. Belohnen Sie nie zu früh, wenn der Hund z. B. noch mit dem Hinterteil in der Luft ist statt auf dem Boden. Eine Hilfsperson ist hier sehr nützlich.

Haben Sie das Gefühl, daß das Werfen der Belohnung den Hund zu sehr aufregt, können Sie vorbereitend ein Spielzeug auf den Boden legen. Gehen Sie dann mit Ihrem Hund an diesem Spielzeug vorbei und geben ein paar Schritte weiter das Signal für die Position. Nimmt Ihr Hund sie ein, geben Sie ihn frei und lassen ihn zum Spielzeug laufen.

Dieser Übungsaufbau ist aber nur zu empfehlen, wenn Sie schon gute Kontrolle über Ihren Hund haben und sicher sind, daß er nicht einfach direkt zum Spielzeug läuft.

Der Hund legt sich hin, wenn er sitzen soll:

Achten Sie auf Ihren Tonfall. Er sollte immer gleich klingen. Besonders vor Zuschauern oder in einer Prüfung fallen die Hörzeichen oft etwas betonter aus als im normalen Training. Vielleicht empfindet Ihr Hund dies als Druck und legt sich vorsichtshalber einmal hin.

Bitten Sie einen Freund, Sie zu beobachten und besonders auf Ihre Körperhaltung und den Tonfall zu achten. Noch besser wäre es, er könnte Sie gleich auf Video filmen, dann können Sie sich selbst kritisch anschauen.

Wenn Sie das Gefühl haben, daß Sie beständig genug in Ihren Signalen sind, hat vielleicht Ihr Hund noch Schwierigkeiten dabei, die Positionen auseinanderzuhalten. Üben Sie alle noch einmal gesondert.

Nach dem Abrufen soll der Hund gerade vorsitzen. In der Prüfung muß der Hundeführer mit seitlich angelegten Armen aufrecht stehen und darf dem Hund keine Hilfen geben.

7. ABRUFEN

WIE SIEHT DIE ÜBUNG AUS?

Abrufen gibt es im Obedience in mehreren Variationen. Die zwei Grundformen sind: Abrufen zum Vorsitzen und Abrufen in die Freifolge.

Ersteres bedeutet, der Hund wird an einem Ort zurückgelassen, meist im Liegen, der Hundeführer geht dann weiter. Nach einem gewissen Abstand, der abhängig von der Schwierigkeitsstufe relativ kurz oder länger sein kann, stellt sich der Hundeführer mit dem Gesicht zum Hund auf und ruft, wenn der Richter es sagt, den Hund zu sich. Dieser soll sich in schneller Gangart nähern und sich dann gerade und dicht vor den Hundeführer setzen.

Auf weitere Anweisung des Richters gibt der Hundeführer seinem Hund dann das Signal, in die Grundstellung zu kommen (sich also gerade und dicht links neben den Hundeführer zu setzen).

In den höheren Klassen kommt noch eine weitere Schwierigkeit hinzu: Auf etwa 1/3 der Strecke gibt der Hundeführer dem herannahenden Hund das Signal zum Stehenbleiben.

Dann wird der Hund wieder gerufen, um nach einem weiteren Drittel der Strecke die Anweisung zum Hinlegen zu bekommen. Erst dann soll er, auf weiteres Signal des Hundeführers, ganz zu diesem kommen und die Übung wie oben beschrieben beenden.

Eine andere Variante des Abrufens kommt in der Übung „Vorausschicken" vor: Der Hund wird zu einer markierten Stelle vorausgeschickt und muß sich dort hinlegen. Dann gibt der Richter dem Hundeführer die Anweisung, zu gehen.

Genau wie in der Leinenführigkeit/Freifolge sagt der Richter die Gangart und alle Richtungswechsel jeweils an.

Während der Hundeführer sich so bewegt, soll er – auf Anweisung des Richters – den Hund zu sich rufen, ohne selbst stehenzubleiben. Der Hund soll wieder in schneller Gangart zum Hundeführer laufen und sich ihm bei Fuß anschließen.

Beide gehen dann weiter, wie der Richter sie anweist, bis er die Übung, meist mit einer Grundstellung, beendet.

Welche Utensilien braucht man zum Üben?

Wie schon aus der Beschreibung der Übung hervorgeht, wird viel Wert auf ein **schnelles** Herankommen des Hundes gelegt. Um genügend Motivation zu schaffen, ist ein Spielzeug sehr von Vorteil.

Was muss der Hund schon können?

Es ist von Vorteil, wenn der Hund schon die Übung „Sitz" beherrscht, unbedingt nötig ist aber auch dies nicht. Auch ein Signalwort zum Blickkontakt-Herstellen ist nützlich.

Das wichtigste ist aber, daß der Hund **gern** zu uns kommt. Es darf sich bei ihm nicht der Gedanke festsetzen „Kommen bedeutet: Spaß beendet".

Für die vollendete Abrufübung muß der Hund auch Vorsitzen und Grundstellung beherrschen, dies können wir gesondert vom Abrufen schon einmal üben.

Wie kann man es üben?

Den Kernteil der Abrufübung, nämlich das schnelle **Herankommen**, ist im Kapitel 3.4 „Kommen auf Zuruf" bei den Grundübungen ausführlich beschrieben. Bei diesem Kommen wird noch kein Wert auf korrektes **Vorsitzen** gelegt; dies ist der nächste Übungsschritt:

Zunächst müssen wir unserem Hund zeigen, was Vorsitzen überhaupt ist. Dazu müssen wir ihn aber nicht extra rufen. Am einfachsten lassen wir ihn sich setzen und stellen uns gerade vor ihn. Unsere Arme sollten wir dabei schon so halten, wie es in der Prüfung verlangt wird; in der Regel bedeutet dies, die Arme sind seitlich am Körper angelegt.

Perfektes Vorsitzen.

Kennt unser Hund ein Signalwort zum Uns-Anschauen (z. B. „Guck"), geben wir dies. Nun haben wir – rein optisch – ein perfektes Vorsitzen erreicht.

Wir lassen den Hund jeweils nur kurz in dieser Position und belohnen ihn dann. Hierbei sollten wir von vornherein darauf achten, daß die Belohnung nicht immer

Leonbergerrüde „Hogan“ bekommt eine Körperhilfe zum richtigen Vorsitzen.

nur aus einer Richtung kommt (z. B. aus der rechten Jackentasche), denn sonst würde der Hund sich bald schon etwas schräg in diese Richtung vor uns setzen.

Diese Grundübung zum Abrufen/Vorsitzen wiederholen wir nun öfter, bis wir das Gefühl haben, unser Hund weiß schon ungefähr, worum es geht.

Dann bauen wir unser neues Signalwort ein, das wir auch später für das Abrufen zum Vorsitzen gebrauchen wollen (z. B. „Hier“). Allmählich wird der Hund nun dieses Wort und unsere Körperhaltung mit dem Vorsitzen verbinden.

Bisher haben wir uns noch vor den Hund gestellt, nun ist es an der Zeit, daß der Hund allmählich lernt, sich selbst in die richtige Position zu bringen.

Dazu bauen wir uns wie gewohnt auf, achten auf guten Blickkontakt und treten dann einen kleinen Schritt zurück, wobei wir den Hund ermuntern, uns zu folgen und sich wieder gerade vor uns zu setzen („Hier“). Wenn nötig, helfen wir vorsichtig mit der Leine oder locken ihn mit einem Spielzeug oder Leckerchen in die richtige Position.

Wichtig ist, daß wir von vornherein dafür sorgen, daß er sich gleich beim ersten Mal gerade hinsetzt. Manchmal muß man dazu ziemlich flink sein, aber wir sollten um jeden Preis verhindern, daß der Hund sich schief setzt und dann korrigiert werden muß. Sonst könnte es sein, daß er denkt, das Signal „Hier“ bedeutet: Kommen, schief setzen, nochmal aufstehen, dann gerade setzen.

Wir sollten versuchen, möglichst wenig körperlich auf den Hund einzuwirken und auch selbst still zu stehen. Unsere Energie können wir viel besser darauf verwenden, die Übung von vornherein richtig aufzubauen und dem Hund kaum Möglichkeiten zu geben, etwas falsch zu machen.

Bei Hunden, die dazu neigen, sich schief zu setzen, können wir z. B. einen Zaun oder eine Mauer zu Hilfe nehmen, damit der Hund nicht seitlich ausweichen kann. Wenn nötig, kann man auch beide Seiten auf diese Weise begrenzen, so daß der Hund quasi durch eine Gasse zu uns kommt. Klappt dies ein paarmal, machen wir die Gasse allmählich breiter oder stellen uns weiter vom Zaun weg, bis wir diese Hilfen gar nicht mehr nötig haben.

Nun können wir anfangen, die Entfernung zum Hund zu vergrößern, bis er in der Lage ist, aus jeder Entfernung auf das Signalwort „Hier“ zu uns zu kommen und vorzusitzen.

Oft vernachlässigt, aber mindestens genauso wichtig ist es, daß der Hund außerdem lernt, nicht nur aus gerader Richtung gerade vorzusitzen, sondern auch, wenn er schräg von der Seite oder gar von hinten abgerufen wird.

Dies sollte genauso systematisch geübt werden; anfangs wieder aus ganz kleiner Entfernung: Wir stellen uns in leichtem Winkel zum sitzenden Hund auf und geben unser Signal – wenn nötig, Hilfestellung geben! Allmählich kann man den Winkel zum Hund vergrößern und auch die Entfernung – aber immer hübsch eins nach dem anderen, sonst könnte die Angelegenheit zu verwirrend werden.

Vergessen Sie aber vor lauter Konzentration auf die Übung nie das Spielen und Belohnen – schließlich soll der Hund **immer** gern zu uns kommen!

Nun haben wir zwei Schritte perfektioniert, es fehlt noch der Abschluß der Übung: vom Vorsitzen in die **Grundstellung**, also in die Bei-Fuß-Position.

Hier gibt es zwei Möglichkeiten: Entweder geht der Hund von uns aus gesehen rechts hinter uns herum in Position, was die hierzulande gebräuchlichere Variante ist, oder aber er „schwingt" sozusagen mit dem Hinterteil rückwärts von uns aus gesehen nach links herum und setzt sich neben uns.

Gerade bei kleinen bis mittelgroßen Hunden sieht diese Form sehr elegant aus, und bietet darüber hinaus den Vorteil, daß wir den Hund dabei die ganze Zeit über sehen können.

Wenn der Hund die Grundstellung selbst bereits beherrscht, können Sie die folgenden Schritte auslassen; falls nicht: So können wir dem Hund die Grundstellung beibringen:

Ähnlich wie zum Vorsitzen bringen wir den Hund zunächst ins Sitz. Anschließend stellen wir uns neben ihn, so wie es für ein perfektes Bei-Fuß verlangt wird, also Schulter des Hundes ungefähr auf Höhe Ihres linken Beins. Der Hund muß dabei genau parallel zu uns sitzen, also weder vorn noch hinten nach außen gedreht.

Achten Sie darauf, woher Ihre Belohnung kommt, damit Sie nicht den Hund dazu verleiten, sich zu drehen. Nun bauen wir Blickkontakt auf („Guck").

Wenn dies klappt, können wir anfangen, ein Signalwort für diese Position zu geben. Dies ist dasselbe Wort, das wir auch für das Bei-Fuß-Gehen verwenden (in der Regel also „Fuß"). Allmählich wird dieses Wort für den Hund die Bedeutung bekommen, gerade neben uns zu sein und uns anzusehen. Wenn wir dabei stehen, sitzt der Hund.

Nun können wir anfangen, den Hund aus verschiedenen Positionen in die Grundstellung zu rufen. Wenn nötig, leiten wir ihn, so wie wir es auch beim Vorsitzen getan haben.

Wenn all diese Schritte klappen, können wir mit der Ausbildung zur **Grundstellung aus dem Vorsitzen** beginnen: Wir lassen unseren Hund vorsitzen und entscheiden uns, auf welche Weise er in die Grundstellung kommen soll: vor uns herumschwenken oder hinter uns herumgehen.

Wir fangen mit dem Herumschwenken an. Dazu gehen wir mit dem linken Bein einen Schritt zurück (das Bein, neben dem

Der Tervueren sitzt vor. Auf ein Hörzeichen der Hundeführerin geht er um sie herum und landet in der Grundstellung.

der Hund die Wendung ausführen soll) und ermuntern den Hund, mitzukommen. Wenn er nur zögerlich folgt, müssen wir vielleicht noch weitere Schritte rückwärts machen.

Sobald unser Hund uns an unserer linken Seite mit der Nase überholt hat, gehen wir wieder vorwärts und ermuntern den Hund, zu folgen. Nun ist er auf gleicher Höhe mit uns, also bei Fuß. Wir bleiben sofort stehen.

Wenn wir die Basisausbildung gründlich genug durchgeführt haben, wird sich unser Hund daraufhin neben uns setzen (gegebenenfalls erinnern wir ihn mit dem Signalwort „Fuß"). Wenn der Bewegungsablauf nach ein paar Übungen ziemlich flüssig wird, verringern wir allmählich unsere Rückwärtsbewegung immer mehr, so daß der Hund immer selbständiger vom Vorsitzen in die Grundstellung herumschwingt.

Nach und nach lassen wir alle Hilfen weg: Das Endziel ist es, daß der Hund allein auf ein Hörzeichen aus dem Vorsitzen in die Grundstellung kommt, ohne daß unser Körper sich bewegt.

Nun zur wohl gebräuchlicheren Variante: das Herumkommen in die Grundstellung. Die Vorgehensweise ist ähnlich, nur gehen wir dieses Mal mit dem rechten Bein rückwärts und lassen den Hund auf dieser Seite folgen.

Ist er hinter uns angelangt, gehen wir wieder vorwärts, wobei wir die Leine und/oder das Lockmittel von der rechten in die linke Hand wechseln müssen, damit der Hund auf diese Seite folgt. Der Rest ist gleich:

Wir bleiben stehen und achten auf korrektes Sitzen des Hundes parallel neben uns.

Auch hier kann man nötigenfalls eine natürliche Begrenzung wie einen Zaun zur Hilfe nehmen, um nicht unnötig körperlich auf den Hund einwirken zu müssen. Wie beim Vorsitzen gilt, daß der Hund gar nicht erst die Gelegenheit bekommen sollte, sich schief zu setzen.

Passiert es doch einmal, ist es meiner Erfahrung nach das beste, einfach die Belohnung nicht zu geben statt am Hund herumzuziehen. Wir geben dem Hund einfach eine neue Chance, d. h. beginnen die Übung noch einmal von vorn und achten darauf, daß er diesmal erfolgreich ist.

Nun haben wir alle Bestandteile des Abrufens zum Vorsitzen erarbeitet; unser Hund kann eine perfekte Abrufübung ausführen. Das bedeutet aber noch lange nicht, daß wir in Zukunft immer den kompletten Ablauf durchspielen.

Ganz im Gegenteil: Der Hund sollte nie genau wissen, was als nächstes kommt. Also lassen Sie ruhig ein wenig Ihre Phantasie spielen: Warum nicht aus dem Vorsitzen heraus einmal ein Spielzeug werfen und den Hund freigeben oder in die Grundstellung rufen und dabei losgehen, so daß der Hund sich gar nicht erst setzen muß. Wobei wir schon fast bei der anderen Variante des Abrufens angelangt wären: **Das Abrufen in die Freifolge**.

Hier sind wir die ganze Zeit in Bewegung, während wir den Hund aus der Platz-Position zu uns rufen. Voraussetzung für diese Übung ist, daß der Hund bereits wenigstens einige Schritte bei Fuß gehen kann und das Hörzeichen hierfür kennt.

Wir beginnen in ganz kurzer Entfernung zum (angeleinten) Hund. Wir lassen ihn sitzen oder liegen und gehen einen Schritt voraus (mit dem Rücken zum Hund). Nun setzen wir das linke Bein zurück zum Hund und anschließend wieder nach vorn, wobei wir den Hund ermuntern, uns zu folgen.

Ist er neben uns in korrekter Bei-Fuß-Position angekommen, geben wir das Signalwort „Fuß", gehen noch ein paar Schritte weiter und brechen dann die Übung mit Lob und Spiel ab. Hat dieser Ablauf ein paarmal geklappt, gehen wir dazu über, gleich von vornherein das Signalwort zu sagen, wenn der Hund noch liegt oder sitzt. Wenn auch das keine Schwierigkeiten mehr bereitet, vergrößern wir allmählich unsere Entfernung zum Hund und bauen, wie zum Vorsitzen, verschiedene Winkel ein.

Unser Ziel ist es, daß der Hund lernt, sich uns aus jeder Position bei Fuß anzuschließen, egal ob wir ihm den Rücken zuwenden, quer vor ihm vorbei oder gar auf ihn zu gehen. Das kann man natürlich nicht von heute auf morgen erwarten, sondern es muß im wahrsten Sinne des Wortes Schritt für Schritt aufgebaut werden.

Vorsicht Falle! (Häufige Fehler und deren Vermeidung)

Der Hund kommt nicht schnell genug:

Häufigste Ursache ist hier ein Motivationsmangel. Vielleicht haben Sie zu oft die komplette Übung bis hin zur Grundstellung durchexerziert und dabei das Loben fürs Herankommen vernachlässigt. Rufen Sie öfter mal den Hund, ohne noch weitere Dinge von ihm zu verlangen. Kommt er, folgt sofort sein Lieblingsspiel oder etwas sehr Leckeres!

Im Alltag zum Rufen ein anderes Wort einsetzen, sonst nutzt das „Hier" schnell ab; ganz besonders, weil auf dem Spaziergang in den seltensten Fällen auf korrektes Ausführen des Vorsitzens geachtet wird.

Der Hund sitzt nicht gerade vor:

Geben Sie die Belohnung überwiegend von einer bestimmten Seite? Kommt sie z.B. aus der rechten Hand, dann sitzt der Hund schon mal etwas in diese Richtung gedreht, um schneller zu seiner Belohnung zu kommen.

Beobachten Sie sich kritisch oder lassen Sie sich beim Üben filmen. Hat sich ein solcher Fehler schon eingeschlichen, achten Sie in der nächsten Zeit darauf, die Belohnung besonders oft aus der anderen Richtung zu geben.

Nehmen Sie, wenn nötig, wieder einen Zaun oder eine Mauer zu Hilfe. Belohnen Sie den Hund nicht, wenn er nicht sofort gerade sitzt, sondern brechen Sie die Übung ab und starten Sie von vorn.

Der Hund sitzt überhaupt nicht vor, sondern kommt direkt in die Grundstellung:

Das liegt oft daran, daß in der Ausbildung vergessen wird, auch das Vorsitzen zu belohnen.

Die meisten Hundeführer neigen dazu, erst am Schluß der Übung zu belohnen, also wenn der Hund schon in der Grundstellung ist. Kein Wunder also, daß er möglichst schnell dorthin kommen möchte. Wozu sich also lange mit dem Vorsitzen aufhalten, wenn das sowieso nie belohnt wird? Üben Sie öfter nur das Vorsitzen, belohnen Sie dies und spielen Sie gleich mit dem Hund, ohne ihn erst in die Grundstellung zu rufen.

Der Hund kommt zu langsam in die Grundstellung:

Ähnlich wie beim Herankommen kann das an mangelnder Motivation liegen. Stellen Sie fest, daß Ihr Hund zu langsam herumkommt, gehen Sie einfach rasch vorwärts, so daß er sich anstrengen muß, neben Sie zu kommen.

Kommt er zu spät, ist seine Belohnung für diesmal futsch. Setzen Sie ein (realistisches!) Zeitlimit; ist der Hund bis dahin nicht in der Grundstellung, bekommt er keine Belohnung. So hat er einen Grund, sich zu beeilen. Auch weite Bögen beim Herumgehen um den Hundeführer können so kuriert werden – auch die kosten nämlich Zeit.

Der Hund sitzt in der Grundstellung schief:

Auch das liegt meistens daran, daß er schneller zu seiner Belohnung möchte. Überraschen Sie Ihren Hund doch einmal damit, daß Sie die Belohnung blitzschnell hinter Ihrem Körper in die linke Hand geben, die dann von hinten-außen zum Hund geführt wird, so daß sein Kopf nach außen gelenkt wird.

Achten Sie penibel darauf, daß der Hund die Belohnung ausschließlich bekommt, wenn er ganz gerade sitzt. Bitten Sie, wenn möglich, jemanden, Ihnen dabei zu helfen oder bauen Sie einen Spiegel auf. So müssen Sie sich nicht drehen oder zum Hund hinüberbeugen, um seine Sitzposition zu kontrollieren.

8. Geruchsunterscheidung

Was wird verlangt?

Die Geruchsunterscheidung, wie sie im Obedience verlangt wird, ist in ihrer Form einzigartig im Hundesport.

Es geht in dieser Übung darum, daß der Hund unter mehreren gleichartigen Gegenständen, die auf dem Boden ausliegen, denjenigen herausfindet, der den Geruch seines Hundeführers trägt.

Nach FCI-Reglement sind diese Gegenstände Holzstücke, in Großbritannien werden Tücher verwendet.

In der Praxis sieht das so aus, daß der Richter oder Ringhelfer vor Beginn der Übung diese Gegenstände auslegt, und zwar für jeden Hund neu. Der Hundeführer bekommt zu einem früheren Zeitpunkt in der Prüfung einen gleichartigen Gegenstand, der seinen Geruch annehmen soll. Z. B. mit einer Grillzange wird er anschließend geruchsneutral vom Richter oder Ringhelfer zwischen die anderen ausgelegten Gegenstände gelegt.

Dabei darf der Hundeführer nicht zusehen, damit er nicht etwa seinem Hund bei der Suche helfen kann. Der Hund wird nun vom Hundeführer zu den Gegenständen geschickt, die in einiger Entfernung liegen,

Vorübung zur Übung „Geruchsunterscheidung“: Der Hund soll lernen, auf ein bestimmtes Wort hin seine Nase zu benutzen. Ein Leckerli wird so versteckt, daß es nicht mehr zu sehen ist. „Cookie“ schnuppert ... Die Freude ist groß: gefunden!!!

und soll völlig selbständig den richtigen herausfinden und seinem Hundeführer apportieren.

Wie kann man es üben?

Vorbereitung

Vorbereitende Übungen für die Geruchsunterscheidung kann man schon mit Welpen beginnen. Die Fähigkeit, seine Nase zu benutzen, ist jedem Hund angeboren. Damit er von einem Gegenstand den Geruch aufnimmt, hält man ihm diesen einfach vor die Nase – fast immer wird er automatisch daran schnuppern.

Noch einfacher geht es mit Futter. Als ersten Schritt können wir also unserem Hund erst einmal etwas vor die Nase halten, was er interessant findet und haben möchte. Wenn er daran schnuppert, können wir ein erstes Hörzeichen einführen, z. B. „Riech".

Dieses Wort verwenden wir dann später immer, wenn der Hund einen Geruch aufnehmen soll. Anfangs wird der Hund immer sofort für sein Interesse belohnt, das heißt, er bekommt den Gegenstand oder das Leckerli.

Der nächste Schritt sieht dann so aus, daß der Hund nur noch an unserer Hand, in der dieser Gegenstand/das Leckerli vorher war, schnuppern darf. Tut er das, begleiten wir dies wieder mit unserem Signalwort: so lernt unser Hund, es allmählich mit seiner Handlung zu verknüpfen.

Das Wunschobjekt selbst ist für den Hund nicht mehr sichtbar, sondern so versteckt, daß er zum Finden zwangsläufig seine Nase benutzen muß. Wir können es z. B. in der geschlossenen Hand halten oder unter dem Pullover oder, auf dem Boden sitzend, unter den Kniekehlen.

Anfangs sollte das Versteck nicht zu schwierig gewählt werden, damit der Hund immer schnell ein Erfolgserlebnis hat und nicht die Lust verliert. Sobald er deutlich erkennbar nach dem Gegenstand sucht, ist es Zeit für unser zweites Hörzeichen, z. B. „Such". (Diejenigen unter Ihnen, die mit Ihrem Hund auch Fährtenarbeit machen, sollten sich ein Wort überlegen, das sich von dem Hörzeichen für das Verfolgen einer Fährte unterscheidet).

Allmählich kann man dann auch zu anderen Gegenständen, z. B. den im Obedience verlangten Holzstücken, übergehen. Hierzu eignen sich beispielsweise Wäscheklammern aus Holz, die man günstig kaufen kann.

Auch bei diesen Versteckspielen sollten wir immer daran denken, unsere neuen Hörzeichen zu benutzen: „Riech" o. ä. für das Aufnehmen des Geruchs, und „Such" o. ä. für das eigentliche Suchen nach dem Gegenstand.

Die Praxis:

So vorbereitet haben die allermeisten Hunde schon Gefallen an der neuen Übung gefunden. Der nächste Schritt ist es, unserem Hund beizubringen, nicht einfach **irgendeinen** Gegenstand zu finden, sondern einen ganz bestimmten.

Spätestens jetzt ist es Zeit für die Anschaffung einer Grillzange o. ä., damit wir auch Gegenstände auslegen können, ohne daß diese unseren Geruch tragen. Diese Zange muß auch sehr sorgfältig getrennt aufbewahrt werden von unseren Suchgegenständen, damit sie nicht deren Geruch annimmt. Das wäre äußerst verwirrend für den Hund. Man darf sie auch immer nur am Griff anfassen – das andere Ende soll ja nicht nach uns riechen.

Wir brauchen zum Üben jetzt mehrere Gegenstände, die alle gleich aussehen, z. B. Stofftücher, Wäscheklammern oder Tannenzapfen. Die schon erwähnten Holzwäscheklammern eignen sich recht gut dazu; im folgenden Text gehe ich einmal von diesem Beispiel aus.

Schon beim Öffnen der Verpackung sollten wir darauf achten, die Klammern möglichst nicht anzufassen, damit sie nicht unseren Geruch annehmen. Nur **eine** der Klammern nehmen wir in die Hand – unser Hund soll später genau diese Klammer wiederfinden.

Wir beginnen nun mit zwei Klammern: einer geruchsneutralen, die wir mit Hilfe der Grillzange auf den Boden legen, und der Klammer, die nach uns riecht. Um es unserem Hund nun möglichst leicht zu machen und ihm zu helfen, auch die richtige Klammer aufzunehmen, können wir anfangs so vorgehen, daß die neutrale Klammer schon auf dem Boden liegt und wir „unsere“ Klammer nun in einigem Abstand (1,5 bis 2 Meter) dazuwerfen, so daß der Hund es sieht.

Höchstwahrscheinlich wird er – geleitet von den gewohnten Hörzeichen – automatisch zur richtigen Klammer laufen, da diese sich zuletzt bewegt hat.

Wir bedienen uns also auch des Gesichts- und nicht nur des Geruchssinns. Für den Anfang ist das legitim, denn in erster Linie geht es uns ja darum, dem Hund zum Erfolg zu verhelfen, also die richtige Klammer zu finden.

Zur Sicherheit können wir unseren Hund für diese Übung anleinen, um notfalls verhindern zu können, daß er die „falsche“ Klammer aufnimmt.

Kann der Hund „ja“ und „nein“ unterscheiden, können wir ihm auch damit helfen, wenn er unsicher wird. In jedem Fall sollten wir dafür sorgen, daß er die richtige Klammer aufnimmt und ihn dann natürlich tüchtig loben.

Bereitet dieser Schritt keine Schwierigkeiten, können wir als kleine Steigerung der Schwierigkeit den Hund einmal um die eigene Achse drehen, bevor wir ihn losschicken. So wird verhindert, daß er die Klammer nicht aus den Augen läßt.

Wenn auch das problemlos klappt, fangen wir an, den Abstand zwischen den Klammern allmählich zu verringern und dazu überzugehen, beide Gegenstände hinzulegen (einen mit der Zange, einen aus der Hand). So muß der Hund wirklich seine Nase benutzen.

Er darf natürlich auch die „falsche“ Klammer prüfen und daran schnuppern, aber wenn er sich zu lange für diese interessiert, sollten wir versuchen, sein Interesse auf die „richtige“ Klammer zu lenken.

Wer gern bastelt, kann sich auch eine Vorrichtung bauen, die verhindert, daß „falsche“ Gegenstände aufgenommen werden.

Doch egal wie, wir müssen immer darauf achten, daß die Gegenstände, die der Hund nicht nehmen soll, nie auf eine Stelle gelegt werden, auf der zuvor der „richtige“

Das Holz mit dem Geruch der Hundeführerin wird mit Hilfe einer Grillzange ausgelegt, um den Geruch nicht zu verfälschen. Die Hundeführerin schickt den Hund zu den Hölzern, wo jedes sorgfältig abgeschnuppert und schließlich das richtige aufgenommen wird. Dieser Schäferhund ist noch im Lernstadium, deshalb ist Frauchen zur Unterstützung in der Nähe.

Gegenstand plaziert war. Dessen Geruch ist nämlich immer noch dort und könnte den Hund verwirren.

Ist unser Hund schließlich beim Unterscheiden zweier Klammern, können wir immer mehr geruchsneutrale Klammern dazu auslegen, zwischen denen die „richtige" herausgefunden werden muß.

Bis hierher habe ich bei der Schilderung des Ausbildungsvorgangs bewußt eines weggelassen: das Apportieren des gefundenen Gegenstands. Dem Apportieren ist ein eigenes Kapitel gewidmet – zu viel gibt es hierbei zu beachten. Wenn Ihr Hund das Apportieren schon beherrscht (und nur dann!), können Sie sich den vom Hund gefundenen Gegenstand auch ab und zu apportieren lassen. Tun Sie dies aber erst, wenn der Hund absolut sicher im Auffinden der Gegenstände ist und wenn er gern apportiert. Hat der Hund nämlich noch Schwierigkeiten bei einem dieser beiden Dinge, könnten Sie Gefahr laufen, daß sich die Unsicherheit auch auf den anderen Übungsteil überträgt und dem Hund die Lust daran nimmt.

Denken Sie daran, daß es in erster Linie darum geht, dem Hund die Geruchsunterscheidung beizubringen. Die „Einzelteile“ (Gegenstand finden + Apportieren) können Sie später immer noch zusammenfügen.

Übungsmöglichkeiten im Alltag:

Auch auf dem täglichen Spaziergang finden sich ohne große Vorbereitung vielerlei Gelegenheiten zum Üben.

Liegen zum Beispiel viele Tannenzapfen oder Zweige auf Ihrem Weg? Dann heben Sie doch einfach zwischendurch mal einen auf und halten ihn eine zeitlang in der Hand.

In einem unbeobachteten Moment legen Sie ihn dann wieder auf den Boden zwischen andere Tannenzapfen oder Zweige, rufen Ihren Hund, lassen ihn an Ihrer Hand Geruch aufnehmen und fordern ihn auf, den richtigen Tannenzapfen oder Zweig zu finden. Notfalls helfen Sie ein wenig, indem Sie ungefähr in die richtige Richtung zeigen.

Anhang

Variationen zum Thema: „Freistil“

Vielleicht gehören Sie zu den Hundebesitzern, denen es nicht so sehr liegt, durch Prüfungsordnungen streng vorgegebene Übungsabläufe mit ihren Hunden zu durchlaufen, sondern gern ein wenig eigene Kreativität mit einbringen möchten.

Wenn Sie darüber hinaus noch Spaß an der Bewegung zu Musik haben, könnte Freestyle Obedience genau das richtige für Sie sein! Zur Zeit gibt es zwei Arten:

Musical Canine Freestyle Obedience

Diese Form des Freestyle stammt ursprünglich aus Kanada, ist aber inzwischen auch in den U.S.A. recht populär. Anfangs nur eine Spielart des Obedience und ohne offizielle Bewertung vorgeführt, ist diese Sportart nun auch als Wettkampfsportart zugelassen und unterliegt bestimmten Wertungskriterien. Wie kann man sich nun Freestyle Obedience vorstellen?

Ein Punkt, der sofort auffällt, ist, daß Freestyle Obedience zu Musik ausgeführt wird. Diese kann der Hundeführer frei wählen – von modernem Pop über Folklore bis Klassik ist alles vertreten. Zu dieser Musik zeigt dann das Team eine Choreographie, die aus klassischen Obedience-Elementen (beispielsweise Freifolge) und frei erfundenen Bewegungen (beispielsweise Drehungen des Hundes) kombiniert ist.

Bewertet wird nach Schwierigkeit der gezeigten Elemente, Präzision der Ausführungen sowie Interpretation der Musik. Erfahrene Hundeführer wählen die Musik passend zum Temperament des Hundes – so kann man etwa einen eher gemächlichen Riesenschnauzer zum Frank-Sinatra-Titel „New York, New York“ oder einen Border Collie zu den

Beim Freestyle-Obedience werden die verschiedensten Kunststücke mit dem Bei-Fuß-Gehen zu einer Kür verbunden.

Klängen von „Macarena“ bewundern – der Phantasie sind keine Grenzen gesetzt.

Häufig gezeigte Bewegungsabläufe sind: Slalom des Hundes zwischen den Beinen des vorwärts oder rückwärts gehenden Hundeführers, Freifolge links und rechts, Drehungen des Hundes um die eigene Achse, Rollen des Hundes, Sprünge des Hundes über den gebückten Hundeführer oder über dessen ausgestreckte Arme oder Beine, Rückwärtsgehen des Hundes und vieles mehr – all dies zu einer Choreographie zusammengefügt.

Freestyle Obedience ist auch für das nicht so fachkundige Publikum sehr attraktiv und erfreut sich wachsender Beliebtheit.

Ich würde mir wünschen, daß es auch in Deutschland viele Anhänger findet und auch hierzulande bald tanzende Hunde der (besonders für Laien etwas faden) Prüfungslandschaft einen bunten Farbtupfer geben.

Heelwork to Music

Diese Variante des Freestyle Obedience ist das Ergebnis eines Versuchs, Freestyle Obedience in Großbritannien populär zu machen.

Mary Ray, eine bekannte und erfolgreiche Obedience-Sportlerin, hat auf der Crufts 1997 eine faszinierende Vorführung gezeigt und bemüht sich sehr um Anerkennung des Heelwork to Music als eigene Sportart. Im etwas konservativen Großbritannien ist das Heelwork to Music bisher nicht anerkannt, nur Vorführungen ohne Wettkampfcharakter sind erlaubt.

Wer als Hundeführer gegen diese Regelung verstößt und doch an einem Wettkampf teilnimmt, dem droht zur Zeit noch der Ausschluß von regulären Obedience-Wettkämpfen. Dies Risiko will natürlich kein Sportler eingehen, und doch gibt es genügend Interessenten für diese Variante.

Das Heelwork to Music (zu Deutsch: Bei-Fuß-Arbeit zu Musik) ist dem oben beschriebenen Freestyle Obedience recht ähnlich, allerdings liegt der Schwerpunkt, wie schon der Name sagt, auf dem Bei-Fuß-Gehen; das Ganze wirkt, verglichen mit den amerikanischen Vorführungen, noch etwas steif.

Von Kritikern hört man hin und wieder die Meinung, Freestyle Obedience sei albernes Herumgehüpfe. Wer aber schon einmal eine Vorführung gesehen hat, kann sich vorstellen, wieviel Arbeit darin steckt.

In der Regel haben erfolgreiche Freestyle-Hunde zuvor eine gründliche Obedience-Ausbildung durchlaufen, oftmals sogar bereits Meistertitel errungen, bevor sie ihre Freestyle-Laufbahn begannen. Ohne gründliches Fundament ist eine Freestyle-Vorführung sicher ein gefundenes Fressen für die Kritiker – ein gut ausgebildeter Hund kann dem Zuschauer mit einer gelungenen Vorführung dagegen wirklich Tränen in die Augen treiben – selten sonst sieht man ein Bild so perfekter Harmonie, von freudigem Zusammen-Spiel zwischen Mensch und Hund.

Ein kleiner Überblick über die Prüfungsordnungen einiger Länder

Nachstehend möchte ich eine kurze Übersicht über die Obedienceprüfungen verschiedener Nachbarländer geben, aus der ersichtlich wird, welche Übungen in welcher Prüfungsstufe verlangt werden und wieviele Punkte es zu erreichen gibt.

Durch einen Schrägstrich von der Punktzahl getrennt wird angegeben, wieviel Prozent diese Übung an der Gesamtpunktzahl ausmacht. Zusätzlich zu den hier aufgeführten Klassen 1 bis 3 gibt es in Holland (wie übrigens in Großbritannien auch) drei Vorstufen, was ich sehr begrüßenswert finde.

So werden Neulinge nicht gleich durch zu hohe Anforderungen abgeschreckt, sondern können in den Vorstufen schon Wettkampferfahrungen sammeln, bevor sie in den Standardklassen starten.

Obedience 1:

Die Abkürzungen: „HF“ für „Hundeführer“, „H“ für „Hund“, „GS“ für „Grundstellung“.

Dänemark (100 Punkte maximal):

Zähne zeigen (5 Punkte/5 %):	HF zeigt dem Richter die Zähne des Hundes, H sitzt
Leinenführigkeit (20 Punkte/20 %):	vom Richter angesagt; Normal- und Laufschritt, keine Hörzeichen (!) ▶

Stehübung (15 Punkte/15 %):	H wird in Stehposition gebracht, HF geht 5 m weg und dreht sich zum H, 15 sek. lang, geht dann zum H zurück, GS.
Freisprung über Hürde (10 Punkte/10 %):	GS, HF schickt H, geht selbst um Hürde herum, GS.
Platzübung 1 min. (20 Punkte/20 %):	GS, Platz, HF entfernt sich 15 m, dann zum H zurück, GS.
Abrufen (20 Punkte/20 %):	H in Sitz, Platz oder Steh, HF entfernt sich 15 m, bleibt dem H abgewandt, auf Richteranweisung dreht sich HF zum H und ruft diesen ab. H soll in GS kommen; Vorsitzen nach vorheriger Ankündigung aber erlaubt.
Gesamteindruck (10 Punkte/10 %):	Zusammenarbeit H – HF wird bewertet.

Seit dem 01.01.1998 ist es gestattet, den Hund in den Pausen zwischen den einzelnen Übungsteilen mit Leckerli zu belohnen (während des Übungsteils ist dies nicht erlaubt).

Niederlande (220 Punkte maximal):

Benehmen gegenüber anderen Hunden* (10 Punkte/5 %):	H und HF gehen im Slalom durch die in einer Reihe aufgestellten Teams hindurch (Abstand zwischen HF und anderen Teilnehmern max. 1 m) oder vor und hinter der Reihe entlang. H soll sich freundlich oder gleichgültig verhalten.
Stehen und Anfassen* (20 Punkte/9 %):	H steht dem HF gegenüber und wird vom Richter angefaßt.
Zähne zeigen (10 Punkte/5 %):	HF zeigt dem Richter die Zähne des Hundes, H sitzt.
Platzübung 3 min. (30 Punkte/14 %):	alle Hunde in der Gruppe, HF außer Sicht

▶

Leinenführigkeit (30 Punkte/14 %):	vom Richter angesagt; Normal- und Laufschritt
Freifolge* (40 Punkte/18 %):	entsprechend Leinenführigkeit, zusätzlich Umkreisen von 4 HF/H, die in einem Quadrat von 4 x 4 m aufgestellt sind.
Abrufen* (30 Punkte/14 %):	H wird in Quadrat von 4 Pylonen abgelegt, die Leine wird ebenfalls dort gelassen. HF entfernt sich 30 m, Gesicht zum H, abrufen. H soll vorsitzen, dann GS.
Vorausschicken (20 Punkte/9 %):	H wird nach der Abrufübung zurück zum Quadrat, in dem seine Leine liegt, geschickt. Soll dort Platz machen. HF geht zum H, GS, H wird angeleint. Wenn Hund mehr als 1 m von seiner Leine entfernt liegt, gibt es keine Punkte.
Apportieren (20 Punkte/9 %):	HF wirft eigenes Apportierholz (Holz oder Kunststoff) bzw. Dummy mind. 10 m weit. Auf Anweisung soll der Hund diesen apportieren und vorsitzen. HF nimmt Gegenstand, dann GS.
Gesamteindruck (10 Punkte/5 %):	Zusammenarbeit H – HF wird bewertet. H soll fröhlich arbeiten, H soll am Ende der Übung kräftig gelobt werden.

**Bei ungenügender Bewertung der mit * gekennzeichneten Übungen gilt die Prüfung als nicht bestanden!*

Schweiz (320 Punkte maximal):

Platzübung 2 min. (20 Punkte/6 %):	mind. 3 Hunde in der Gruppe, HF 20 Schritt entfernt den H zugewandt
Leinenführigkeit (30 Punkte/9 %):	vom Richter angesagt; Normalschritt
Freifolge (30 Punkte/9 %):	entsprechend Leinenführigkeit ▶

Platz aus der Bewegung (30 Punkte/9 %):	HF umgeht mit H in Freifolge markiertes Quadrat 10 x 10 m. Nach Richtungswechsel wird H ins Platz kommandiert, HF umgeht das Viereck allein, wieder beim H angekommen, nimmt er diesen in Freifolge mit; Übung beginnt und endet in GS.
Platz aus der Bewegung mit Abrufen (30 Punkte/9 %):	HF geht mit H geradeaus, nach mind. 10 Schritten soll H sich aus der Bewegung legen, HF geht 20 Schritt weiter, bleibt stehen und dreht sich zum H. Dann wird dieser abgerufen, soll vorsitzen, dann GS.
Freisprung über Hürde (30 Punkte/9 %):	GS, HF schickt H über die Hürde (Hin- und Rücksprung), dann soll der H vorsitzen, anschließend GS.
Vorausschicken (30 Punkte/9 %):	GS, dann gehen HF und H geradeaus. H wird zu einer Markierung vorangeschickt, HF bleibt stehen. Nach etwa 20 Schritten soll der Hund sich auf Anweisung hinlegen. HF geht dann zum Hund, GS. Keine Punkte, falls H die geforderte Distanz nicht erreicht.
Apportieren (30 Punkte/9 %):	GS, dann geht HF allein mit Apportiergegenstand aus Holz mind. 20 Schritte geradeaus, legt das Bringholz hin und geht zurück zum H. Anschließend soll dieser das Holz apportieren, vorsitzen, HF nimmt Bringholz, GS.
Eigenidentifizierung (Geruchsunterscheidung) aus zwei Gegenständen (40 Punkte/13 %):	HF erhält bei Übung 2 ein Holz, das er bis jetzt bei sich trägt. Holz wird vom Richter mit einem weiteren, neutralen Holz ausgelegt, H und HF stehen währenddessen in etwa 12 Schritt Entfernung (abgewandt). Dann wird H zu den Hölzern geschickt und muß das richtige apportieren. Abschließend GS. Insgesamt 3 min. Zeit.

▶

Distanzkontrolle (40 Punkte/13 %):	H wird hinter einer markierten Linie abgelegt, HF entfernt sich 20 Schritte und stellt sich dem H zugewandt auf. Auf Anweisung muß der H dann einmal ins Sitz und einmal ins Platz gebracht werden (Hör- und/oder Sichtzeichen). Keine Punkte, wenn Hund sich eine Körperlänge in irgendeine Richtung bewegt.

Obedience 2:

Dänemark (150 Punkte maximal):

Leinenführigkeit (10 Punkte/7 %):	vom HF auswendig gegangen; Normal- und Laufschritt, keine Hörzeichen (!)
Freifolge (20 Punkte/13 %):	wie Leinenführigkeit, aber vom Richter angesagt, Normal- und Laufschritt.
Stehübung 1 min. (20 Punkte/13 %):	H wird in Stehposition gebracht, HF geht 5 m weg und dreht sich zum H, geht dann zum H zurück, GS.
Apportieren (20 Punkte/13 %):	GS, HF wirft eigenes Apportierholz ca. 10 m weit weg, H apportiert und kommt in die GS (ohne Vorsitzen). Dann nimmt der HF das Bringholz ab.
Freisprung über Hürde (20 Punkte/13 %):	GS, HF schickt H über die Hürde (Hin- und Rücksprung), dann soll der H in die GS kommen. Vorsitzen erlaubt, muß vorher dem Richter mitgeteilt werden.
Platzübung 2 min. (20 Punkte/20 %):	GS, Platz, HF entfernt sich 20 m. Abschluß mit nächster Übung:
Abrufen (10 Punkte/7 %):	Hund wird aus vorheriger Platzübung abgerufen und kommt in GS. Vorsitzen erlaubt, muß vorher dem Richter mitgeteilt werden.
Gesamteindruck (10 Punkte/7 %):	Zusammenarbeit H – HF wird bewertet.

NIEDERLANDE (300 PUNKTE MAXIMAL):

Sitzübung 2 min. (30 Punkte/10%):	alle Hunde in der Gruppe, HF außer Sicht- und Hörweite.
Platzübung 4 min. (20 Punkte/7%):	alle Hunde in der Gruppe, HF außer Sicht. Nach ca. 2 min. geht der Richter vor oder zwischen den Hunden entlang. Nach 3 min. kehren HF zu den Hunden zurück, GS erst auf Anweisung des Richters.
Freifolge (40 Punkte/13%):	nach Anweisungen des Richters. Normaler, langsamer und Laufschritt.
Platz aus der Freifolge (20 Punkte/7%):	wird während der Freifolge eingebaut. HF gibt Anweisung Platz, geht 15 m weiter, dreht sich um, geht zum H zurück und an diesem vorbei. Nach 10 m wendet er erneut, geht zum H zurück und läßt diesen sich in Freifolge anschließen. Nach ca. 5 m wird angehalten und belohnt.
Steh aus der Freifolge (20 Punkte/7%):	wird während der Freifolge eingebaut. Ausführung analog zur Platzübung aus der Freifolge.
Vorausschicken (30 Punkte/10%):	wird am Ende der Übung Freifolge ausgeführt. Etwa 25 m vor einem durch 4 Pylonen gekennzeichneten Viereck von 3 x 3 m halten HF und H an. H wird zu dem Viereck geschickt, dort erhält er Anweisung Platz.
Distanzkontrolle mit Abrufen in die Freifolge (30 Punkte/10%):	wird an die Vorausschick-Übung angeknüpft. Ist diese nicht korrekt ausgeführt, hat HF noch einmal Gelegenheit, aus 5 m Entfernung den H mit max. 3 Kommandos in das Feld zu steuern. Gelingt auch dies nicht, wird die Sitz-Steh-Platz-Übung nicht bewertet. Der im Viereck liegende H wird vom HF in die Positionen Sitz, Steh und wieder ins Platz kommandiert. Der HF muß dann auf Anweisung des Richters auf das Viereck zugehen, kurz vorher abbiegen und nach einer weiteren Wendung den H in die Freifolge rufen.

▶

Metallapport (30 Punkte/10 %):	GS, HF wirft eigene Apportierhantel aus Metall mind. 10 m. H wird zum Apportieren geschickt, soll vorsitzen, HF nimmt Gegenstand, GS.
Apport über eine Hürde (20 Punkte/7 %):	GS, HF wirft eigenes Apportierholz oder Dummy über das Hindernis. H springt auf Anweisung über die Hürde und apportiert den Gegenstand (Hin- und Rücksprung). Vorsitzen, HF nimmt Gegenstand, GS. Springt der H nicht, gibt es keine Punkte.
Abrufen mit Zwischenstop (30 Punkte/10 %):	H wird abgelegt, HF geht mind. 25 m weg und dreht sich dann dem H zu. H wird dann gerufen, auf ca. der Hälfte der Entfernung erhält er die Anweisung, sich hinzulegen. Danach erneutes Abrufen, Vorsitzen, GS.
Eigenidentifizierung (Geruchsunterscheidung) aus 6 Gegenständen (20 Punkte/7 %) :	Vor der Übung Freifolge erhält der HF ein Holz. Dieses wird nun vom Richter zwischen 5 weiteren, neutralen Hölzern ausgelegt. H und HF stehen in etwa 10 m Entfernung mit dem Rücken zum Richter. Dann muß der Hund den richtigen Gegenstand herausfinden und apportieren. Max. 3 min.; nach 11/2 min. beginnt Punktabzug.
Umgang Mensch-Hund (10 Punkte/3 %):	Wie bei Stufe 1. H soll fröhlich arbeiten.

Schweiz (320 Punkte maximal):

Platzübung 3 min. (20 Punkte/6 %):	mind. 3 Hunde in der Gruppe, HF außer Sicht.
Leinenführigkeit (30 Punkte/9 %):	vom Richter angesagt; Normal- und Laufschritt.
Freifolge (30 Punkte/9 %):	entsprechend Leinenführigkeit.
Sitz und Platz aus der Bewegung (30 Punkte/9 %):	GS, dann umgeht HF mit H in Freifolge markiertes Quadrat 10 x 10 m. Nach Richtungswechsel wird H ins Platz

▶

	kommandiert, HF umgeht das Viereck allein, wieder beim H angekommen, nimmt er diesen in Freifolge mit. Nach einem weiteren Richtungswechsel entsprechend mit Kommando Sitz, Übung beginnt und endet in GS (am Ende nach weiterem Richtungswechsel).
Abrufen mit Zwischenstop (40 Punkte/13%):	HF legt H ab und entfernt sich 30 Schritte. Auf Anweisung des Richters ruft er den H. Vor der Hälfte der Strecke bringt der HF den H mit Hör- und/oder Sichtzeichen zum Stehen. Dann erneutes Abrufen, Vorsitzen, GS.
Vorausschicken mit Hinlegen (30 Punkte/9%):	GS, dann gehen HF und H geradeaus. H wird in ein gekennzeichnetes Viereck von 4 x 4 m vorangeschickt, das etwa 20 Schritt entfernt ist, HF bleibt stehen. H soll sich auf Hörzeichen im Viereck hinlegen. HF geht dann zum Hund, GS. Keine Punkte, falls H außerhalb des Vierecks liegt. Teilweise außerhalb gibt Teilbewertung.
Freisprung über Hürde (30 Punkte/9%):	H wird über Hürde geschickt, bekommt dort Hörzeichen für beliebige Position, in der er verbleibt, dann auf Anweisung Rücksprung, Vorsitzen, GS.
Apportieren (30 Punkte/9%):	GS, dann geht HF mit zwei Apportiergegenständen aus Holz 20 Schritte geradeaus, H bleibt sitzen. HF legt die Hölzer im Abstand von 5 m auf einer Linie hin und geht zurück zum H. Wettkampfleiter gibt bekannt, welches Holz der H bringen soll. H wird mit Hör- und Sichtzeichen dorthin geschickt und soll das entsprechende Holz apportieren, vorsitzen, HF nimmt Bringholz, GS.
Eigenidentifizierung (Geruchsunterscheidung) aus vier Gegenständen (40 Punkte/13%):	HF erhält bei Übung 2 ein Holz, das er bis jetzt bei sich trägt. Holz wird vom Richter mit drei weiteren, neutralen Hölzern ausgelegt, H und HF stehen währenddessen in etwa 12 Schritt Entfernung (abgewandt). Dann wird H zu den ▶

	Hölzern geschickt und muß das richtige apportieren. Abschließend GS. Insgesamt 2 min. Zeit.
Distanzkontrolle (40 Punkte/13 %):	H wird hinter einer markierten Linie abgelegt, HF entfernt sich 20 Schritte und stellt sich dem H zugewandt auf. Auf Anweisung muß der H dann ins Sitz und ins Platz gebracht werden (Hör- und/oder Sichtzeichen), insgesamt vier Positionswechsel. Keine Punkte, wenn Hund sich eine Körperlänge in irgendeine Richtung bewegt oder nicht mindestens drei Positionswechsel ausführt.

Obedience 3:

Dänemark (200 Punkte maximal):

Abliegen in der Gruppe, 4 min. (20 Punkte/10 %):	Alle Hunde dieser Klasse, HF außer Sicht.
Freifolge (10 Punkte/5 %):	wird vom Richter nicht mehr angesagt, Normal- und Laufschritt, keine Hörzeichen (!)
Steh, Platz und Sitz aus der Bewegung (20 Punkte/10 %):	HF geht mit H um markierten Kreis mit 10 m Durchmesser. An markierter Stelle gibt er dem H jeweils das entsprechende Hörzeichen und umrundet den Kreis allein. Wieder beim H angekommen, schließt sich dieser in Freifolge an und umrundet zusammen mit dem HF den Kreis, bis sie wieder zur Markierung kommen. Dann entsprechend das nächste Hörzeichen. Zum Schluß GS.
Distanzkontrolle (40 Punkte/20 %):	GS, H wird ins Platz gebracht, HF entfernt sich 10 m und dreht sich zum H. Dann 6 Positionswechsel wie vom Richter angegeben (Sitz, Platz und Steh). Beim H wird Markierung zurückgelassen; H darf keine große Abweichung in irgendeine Richtung haben.

▶

Apportieren von zwei Gegenständen (20 Punkte/10 %):	GS, HF wirft (eigenes) Bringholz etwa 10 m. H wird vom HF zum Apportieren geschickt. Kommt in GS oder (nach vorheriger Ankündigung beim Richter) zum Vorsitzen. Dieselbe Übung wird mit einem fremden Gegenstand, den der HF erst im Ring erhält, noch einmal durchgeführt.
Apportieren über Hürde (20 Punkte/10 %):	GS, HF wirft Bringholz über Hürde, HF schickt H, der das Bringholz über die Hürde apportieren muß (Hin- und Rücksprung). H kommt in GS, HF nimmt Bringholz. Vorsitzen nach Ankündigung beim Richter erlaubt.
Vorausschicken mit Platz (40 Punkte/20 %):	Hund wird 20 Meter vorausgeschickt, wo auf dem Boden ein Viereck markiert ist, das aus 6 Feldern je 2 x 1,5 m besteht. H soll möglichst im vorderen, mittleren Feld Platz machen, dort gibt es die höchste Punktzahl. HF geht dann auf Anweisung zum H, um diesen herum und wieder zurück, bis Richter das Zeichen zum Abrufen gibt.
Geruchsunterscheidung (20 Punkte/10 %):	Fünf neutrale Gegenstände sowie einer mit dem Geruch des HF werden ausgelegt, H soll Gegenstand mit dem Geruch des HF herausfinden und apportieren (direkt in GS oder nach Ankündigung mit Vorsitzen). Insgesamt 3 min. Zeit.
Gesamteindruck (10 Punkte/10 %):	Zusammenarbeit H – HF wird bewertet.

Niederlande (320 Punkte maximal):

Sitzübung 2 min. (30 Punkte/9%):	alle Hunde in der Gruppe, HF außer Sicht- und Hörweite.
Platzübung 4 min. (20 Punkte/6%):	alle Hunde in der Gruppe, HF außer Sicht. Nach ca. 2 min. geht der Richter vor oder ▶

	zwischen den Hunden entlang. Nach 4 min. kehren HF zu den Hunden zurück und bleiben ca. 3 m hinter den Hunden stehen, GS erst auf Anweisung des Richters.
Freifolge (30 Punkte/9 %):	nach Anweisungen des Richters. Normaler, langsamer und Laufschritt.
Steh, Sitz, Platz aus der Freifolge (30 Punkte/7 %):	HF geht mit H um ein markiertes Viereck von 6 x 6 m. Auf die entsprechenden Hörzeichen soll der H die Positionen direkt einnehmen.
Abrufen mit Zwischenstop (40 Punkte/13 %):	HF geht mit H mind. 25 m in angewiesene Richtung. Dort wird H abgelegt, HF geht zum Ausgangspunkt zurück und dreht sich dann dem H zu. H wird dann gerufen, auf ca. einem Drittel der Entfernung erhält er die Anweisung, stehenzubleiben. Erneutes Abrufen, nach einem weiteren Drittel der Strecke Anweisung, sich hinzulegen. Danach erneutes Abrufen, Vorsitzen, GS.
Vorausschicken (40 Punkte/13 %):	H wird zu einem mind. 10 m vom Startpunkt entfernten Kegel geschickt, wo er stehenbleiben muß (2 m Umkreis). Nach 3 sek. wird der H weitergeschickt in ein mind. 25 m weiter entfernt markiertes Viereck. Dort muß der H Platz machen. HF geht nach Anweisung des Richters auf den H zu, biegt kurz vorher ab, nach nochmaliger Wendung wird der H in die Freifolge gerufen.
Apportieren mit Richtung (30 Punkte/9 %):	analog zur Schweiz.
Metallapport über eine Hürde (30 Punkte/9 %):	analog zur Schweiz.
Eigenidentifizierung (Geruchsunterscheidung) aus 6 Gegenständen (30 Punkte/9 %):	analog zur Schweiz.
Distanzkontrolle (40 Punkte/13 %):	analog zur Schweiz.

Schweiz (320 Punkte maximal):

Sitzübung 2 min. (30 Punkte/9 %): Platzübung 4 min. mit Ablenkung (20 Punkte/6 %):	mind. 3 Hunde in der Gruppe, HF außer Sicht. mind. 3 Hunde in der Gruppe, HF außer Sicht. Richter geht im Slalom zwischen den Hunden hindurch.
Freifolge (30 Punkte/9 %):	im normalen, langsamen und Laufschritt, vom Richter kommandiert.
Stehen, Sitz und Platz aus der Bewegung (30 Punkte/9 %):	GS, dann umgeht HF mit H in Freifolge markiertes Quadrat 10 x 10 m. Nach Richtungswechsel wird H ins Steh kommandiert, HF umgeht das Viereck allein, wieder beim H angekommen, nimmt er diesen in Freifolge mit. Nach einem weiteren Richtungswechsel entsprechend mit Kommando Sitz, wieder umrundet HF allein das Viereck, nimmt dann den H wieder in Freifolge mit, nach weiterem Richtungswechsel Platz. HF umrundet wieder das Viereck und nimmt H in Freifolge mit. Übung und endet in GS (nach weiterem Richtungswechsel).
Abrufen mit Zwischenstop (40 Punkte/13 %):	HF legt H ab und entfernt sich 30 Schritte. Auf Anweisung des Richters ruft er den H. Vor einem Drittel der Strecke bringt der HF den H mit Hörzeichen zum Stehen. Dann erneutes Abrufen, nach einem weiteren Drittel der Strecke erhält der H das Kommando Platz. Dann wieder abrufen, vorsitzen, GS.
Vorausschicken mit Hinlegen (40 Punkte/13 %):	H wird zu einem Kegel geschickt, der etwa 12 Schritte von der Ausgangsposition entfernt ist. Dort erhält er das Kommando Steh und muß im Quadrat von 2 x 2 m um den Kegel stehenbleiben. Nach etwa 3 sek. schickt der HF dann den H weiter in ein gekennzeichnetes Viereck von 3 x 3 m voran, das etwa 30 Schritte von der Ausgangsposition entfernt ist. Dort erhält der H vom HF das Kommando Platz. ▶

	HF geht dann auf Anweisung des Richters auf den H zu, biegt vor diesem ab und geht weiter. Nach erneuter Wendung geht er wieder Richtung Ausgangsstelle und ruft den H in die Freifolge ab. Beide gehen wieder zum Ausgangspunkt zurück.
Apportieren auf Anweisung (30 Punkte/9 %):	Wettkampfleiter legt drei Gegenstände aus Holz auf einer Linie im Abstand von 5 m aus. Der (ausgeloste) zu apportierende Gegenstand wird zuerst ausgelegt; er kann niemals in der Mitte liegen. HF und H befinden sich ca. 20 Schritte hinter dem mittleren Gegenstand in der GS. In 10 Schritten Abstand steht ein Kegel. Zu diesem wird der Hund vorausgeschickt, muß dort stehenbleiben (analog zur Vorausschick-Übung). Nach etwa 3 Sekunden schickt der HF dann den H zum entsprechenden Gegenstand, den der H dann apportieren soll. H soll vorsitzen, HF nimmt Bringholz, GS.
Freisprung über Hürde mit Apportieren (30 Punkte/9 %):	H in GS etwa 3 m vor der Hürde, HF wirft Apportiergegenstand aus Metall (den er vom Wettkampfleiter bekommen hat) über die Hürde. Auf Anweisung springt H über die Hürde und apportiert den Gegenstand über die Hürde zurück. Vorsitzen, HF nimmt Gegenstand, GS.
Eigenidentifizierung (Geruchsunterscheidung) aus 6 Gegenständen (30 Punkte/9 %):	HF erhält bei Übung 3 ein Holz, das er bis jetzt bei sich trägt. Holz wird vom Richter mit fünf weiteren, neutralen Hölzern ausgelegt, H und HF stehen währenddessen in etwa 12 Schritt Entfernung (abgewandt). Dann wird H zu den Hölzern geschickt und muß das richtige apportieren. Abschließend GS. Insgesamt 1 min. Zeit.
Distanzkontrolle (40 Punkte/13 %):	H wird hinter einer markierten Linie abgelegt, HF entfernt sich 20 Schritte und stellt sich dem H zugewandt auf. Auf Anweisung muß ▶

der H dann ins Sitz, Steh und Platz gebracht werden (Hör- und Sichtzeichen), insgesamt sechs Positionswechsel. Diese erfolgen im zeitlichen Abstand von ca. 3 sek. Keine Punkte, wenn Hund sich eine Körperlänge in irgendeine Richtung bewegt oder nicht mindestens drei Positionswechsel ausführt.

Literaturhinweise

Donaldson, Jean:
The Culture Clash,
James & Kenneth Publishers,
Kanada, 1996

Lindenberg, Anne:
Bach-Blütentherapie für Haustiere,
ECON Taschenbuch Verlag,
Düsseldorf, 1988

Pryor, Karen:
Positiv bestärken, sanft erziehen.
Kosmos-Verlag, Stuttgart 1999

Rugaas, Turid:
On Talking Terms With Dogs:
Calming Signals,
Legacy By Mail, Carlsborg/WA, USA, 1996

Sidman, Murray:
Coercion And Its Fallout,
Authors Cooperative, Boston/Mass.,
USA, 1989

White, Angela:
Happy Dogs, Happy Winners,
Rainbow Publishing, England

White, Angela:
Puppies,
t.f.h. Kingdom Books, England, 1997

Wilkes, Gary:
Behavior Sampler,
C&T Publishing, USA, 1994

Adressen

- Verband für
das Deutsche Hundewesen (VDH) e. V.,
Westfalendamm 174, 44131 Dortmund

- Deutscher Verband
der Gebrauchshundesportvereine (DVG),
Gustav-Sybrecht-Str. 42, 44536 Lünen

- Interessengemeinschaft Obedience
c/o Birgit Funk
Kirchfeldweg 20
41472 Neuss
Telefon: (0 21 31) 98 36 83
Telefax: (0 21 31) 98 36 86
E-Mail: Funk-GbR-Neuss@T-Online.de

- im Internet: mm@yorkie.ch